NEUES GROSSES
SPORT
LEXIKON FÜR
KINDER

Elke Schwalm

Compact Verlag

Liebe Leserin, lieber Leser,

wenn du mit offenen Augen und neugierig die Welt des Sports beobachtest, werden dir immer wieder Dinge auffallen, über die du gern etwas mehr wissen möchtest. Woher hat Rugby seinen Namen? Warum schrubben Curlingspieler das Eis? Was ist eine Abseitsfalle? Wieso gibt es die Olympischen Spiele? Wer war der beste Boxer aller Zeiten? Wodurch wurde Dirk Nowitzki berühmt?

Fragen über Fragen: Wir haben uns mal schlau gemacht und versucht, auf diese Fragen Antworten zu finden, die man auch verstehen kann.

Um es für dich einfacher und übersichtlicher zu machen, haben wir die über 60 interessantesten Themen nach der Einleitung in diesem Buch alphabetisch sortiert. Jedes Thema beleuchten wir aus verschiedenen Blickwinkeln. Bei vielen geben wir dir auch Hintergrund- und Zusatzinformationen. All das findest du in den farbig unterlegten Kästen.

Im Sport hängen Dinge häufig irgendwie zusammen. Deshalb kommt es in den Texten immer wieder vor, dass du ein Wort in **roter** Schrift findest. Das verweist dich auf ein anderes Thema, das mit dem gerade gelesenen in engem Zusammenhang steht. Zu diesem kannst du dann an anderer Stelle im Buch Einzelheiten nachlesen. Du musst dieses Buch also nicht von vorn bis hinten durchlesen, sondern kannst dich auch von den roten Wörtern leiten lassen und so kreuz und quer durchs Buch springen.

Für den Fall, dass du ein spezielles Stichwort suchst, haben wir für dich im Anhang – ab Seite 152 – ein Stichwortverzeichnis im Buch. Da findest du die meisten wichtigen Begriffe, zu denen du vielleicht Informationen suchst – wieder alphabetisch geordnet. Wenn du also etwas nicht im Inhaltsverzeichnis findest, schau einfach dort nach.

Das war's erst mal für den Anfang. Blättere das Buch einfach durch und verschaff dir einen Überblick. Und dann überlege, was dich am meisten interessiert – damit fängst du an. Viel Spaß dabei!

Impressum

© 2005 Compact Verlag München
Alle Rechte vorbehalten. Nachdruck, auch auszugsweise, nur mit ausdrücklicher Genehmigung des Verlages gestattet. Alle Angaben wurden sorgfältig recherchiert, eine Garantie bzw. Haftung kann dennoch nicht übernommen werden.
Text: Elke Schwalm
Chefredaktion: Evelyn Boos
Redaktion: Simone Steger
Produktion: Wolfram Friedrich
Abbildungen: IFA-Bilderteam, München; dpa Picture-Alliance, Frankfurt
Titelabbildungen: dpa Picture-Alliance, Frankfurt; IFA-Bilderteam, München
Gestaltung: Axel Ganguin
Umschlaggestaltung: Inga Koch

ISBN 3-8174-5833-9
5458331

Besuchen Sie uns im Internet:
www.compactverlag.de

Inhaltsverzeichnis

Was ist Sport?

Sport gibt es schon fast so lange, wie es überhaupt Menschen gibt. Forscher haben erkannt, dass sich Menschen seit ihren Ursprüngen rhythmisch bewegt und schließlich getanzt haben. Eine Voraussetzung dafür ist, dass Menschen mit ihrem Körper tun können, was sie wollen, und sie sich nur so zum Spaß bewegen. Beweise dafür hat man aus der Steinzeit gefunden. Die damals üblichen Höhlenzeichnungen bildeten auch die Tänze ab. Aus diesen Tänzen entwickelten sich Kulte, welche die Menschen dann als Rituale fest in ihren Lebenskreislauf einbauten. Aus diesen religiösen Ritualen entstanden sportliche Wettkämpfe, die in den Olympischen Spielen der Antike ihren Höhepunkt fanden.

Was ist Sport?

Das Wort Sport stammt aus dem Englischen und heißt eigentlich Zeitvertreib, Vergnügen. Es bezeichnet eine Handlung, bei der Menschen körperliche Tätigkeiten ausüben, die gezielt darauf hinauslaufen, die Bewegungsabläufe zu verbessern. Oft ist das die planmäßige Entwicklung körperlicher Fähigkeiten, bei der das Messen mit Gegnern nach festgelegten Regeln im sportlichen Wettkampf im Mittelpunkt steht. Man unterscheidet dabei den Breiten- und den Leistungssport. Sport kann als Mannschaftssport (zum Beispiel bei den Ballsportarten) oder als Individualsport (Einzelkämpfer) ausgeübt werden.

Wer hat den Sport erfunden?

Erfunden im eigentlichen Sinne hat den Sport nicht eine bestimmte Person. Schon 1600 vor Christus wurden bei Ereignissen wie beispielsweise Hochzeiten sportliche Wettkämpfe ausgetragen. Ab 776 vor Christus finden zu Ehren des griechischen Gottes Zeus in einem Abstand von vier Jahren heilige Spiele statt. Diese Zeitspanne heißt Olympiade und die Spiele, die es auch heute noch gibt, sind danach benannt. Erst im Jahr 1814/15 wird der Sportunterricht eingeführt.

Basketball

Was passiert beim Sport im Körper?

Wer sich bewegt, fühlt sich wohler, denn unser Körper wurde für die Bewegung geschaffen. Schließlich mussten unsere Vorfahren auf die Jagd gehen, um sich zu ernähren. Außerdem bekommt man gute Laune durch Sport, weil dabei Glückshormone ausgeschüttet werden. Das sind körpereigene Stoffe, welche die Stimmung anheben. Auch Stress wird dabei abgebaut. Bewegung regt auch den Stoffwechsel an, was bedeutet, dass Nährstoffe und Fett schneller abgebaut werden und man nicht zunimmt. Regelmäßiger Sport baut die Muskeln auf. Das ist gut, weil Muskeln mehr Energie verbrauchen als Fett. Zusätzlich wird noch das Hungergefühl gedämpft. Und, was noch sehr wichtig ist: Regelmäßiges Training stärkt automatisch auch das Immunsystem, man bekommt mehr Abwehrkräfte und wird nicht so schnell krank. Die Blutzufuhr im Gehirn wird ebenfalls gesteigert, was bedeutet, dass mehr Blut durch den Kopf fließt, was wiederum gut für die Denkfähigkeit ist.

Wie entstehen neue Sportarten?

Neue Sportarten entwickeln sich auf ganz verschiedene Weise. Oft wird eine schon vorhandene Idee aufgegriffen (wie beim **Bungeejumping**), von begeisterten Anhängern verbreitet und schließlich von schlauen Köpfen vermarktet.

Olympische Spiele

Die Olympischen Spiele sind die berühmtesten, ältesten und angesehensten sportlichen Wettkämpfe. Sie gehörten im antiken Griechenland zum religiösen und kulturellen Leben. Zu den Olympischen Spielen kamen die Athleten aus der gesamten griechisch sprechenden Welt zusammen, wozu auch Teile von Italien gehörten. Ab 776 vor Christus fanden fast 1000 Jahre lang die Spiele alle vier Jahre im Juli statt. Olympia ist eine griechische Kultstätte auf dem Peloponnes. Dort trafen sich männliche Sportler, um sich zu Ehren des Gottes Zeus in gymnastischen Wettkämpfen und im Pferde- und Wagenrennen zu messen. Die beliebteste Sportart der damaligen Zeit waren die Laufwettbewerbe. Die Athleten wetteiferten um Ruhm und Ehre. Als Medaillenersatz gab es einen Ölbaumkranz. Später bei den Römern und durch ihren Einfluss im gesamten Westteil des Reiches waren dagegen Gladiatorenkämpfe und Wagenrennen sehr populär. Deshalb findet man heute noch in Italien, Frankreich, Deutschland und Spanien so viele römische Amphitheater, in Griechenland und Kleinasien dagegen Stadien für sportliche Wettkämpfe.

Wie waren die Regeln der antiken Olympischen Spiele?

Interessant ist, dass in Griechenland Kriege wegen der Spiele unterbrochen wurden und nicht die Spiele wegen der Kriege ausfielen. Wenn die Herolde im Frühling eines Olympischen Jahres auszogen, um die Spiele anzukündigen, sagten sie gleichzeitig den „Olympischen Gottesfrieden" an: Für einen Monat vor und nach den Spielen galt in ganz Griechenland Waffenstillstand, damit Teilnehmer und Zuschauer ungehindert an- und abreisen konnten. Heute wechselt der Austragungsort, in der Antike war das jedoch nicht so. Das Programm bestand aus anderen Sportarten, von denen heute lediglich Laufen, Weitsprung, Diskuswerfen, Ringen und Boxen als olympische Disziplinen erhalten sind. Ballspiele sowie Mannschaftskämpfe waren unbekannt. Alle Athleten traten nackt an. Frauen durften weder teilnehmen noch zuschauen. Der Besuch war gratis. Es gab nur den 1. Platz und es gab nur provisorische Anlagen für Sportler und

Skifahren

Zuschauer. Der Sieger bekam einen Kranz aus Ölbaumzweigen. Nach der Rückkehr bereitete ihm

Tennis

Eishockey

seine Heimatstadt einen großen Empfang, er bekam viele Geschenke und musste nicht mehr arbeiten: Er war berühmt.

Erster Olympiasieger

Nach griechischer Überlieferung fanden im Jahr 776 vor Christus die ersten Olympischen Spiele statt. Der Läufer Koroibos aus Elis ist laut Aufzeichnungen der erste Olympiasieger der Geschichte. Er siegte im Stadionlauf, der einzigen Disziplin, die damals ausgetragen wurde.

Ende der Olympischen Spiele und Neuanfang

Im Jahr 393 verbot der römische Kaiser Theodosius die Olympischen Spiele, weil sie den griechischen Göttern gewidmet waren. Er vertrat aber das Christentum, das inzwischen Staatsreligion geworden war. Jahrhundertelang ruhte die olympische Idee bis 1892 der Franzose Pierre de Coubertin (1863-1937) ein internationales Sportfest vorschlug. Es sollte dem Frieden und der Völkerverständigung dienen und den Namen der berühmtesten Wettkampfveranstaltung des Altertums tragen: Olympische Spiele. Auch das Internationale Olympische Komitee (IOC) wurde damals gegründet. Die ersten Spiele fanden zwei Jahre später in Griechenland statt. Wie in der Antike nahmen bei den Wettkämpfen nur Männer teil. Erfolgreichste Nation wurden die USA (elf Olympiasiege) vor Griechenland (zehn Siege) und Deutschland (sieben Siege). Die olympische Bewegung der Moderne hat in diesem Jahrhundert eine Reihe schwerer Prüfungen (kriegsbedingter Ausfall von Spielen, Missbrauch durch die Nazis, Kalter Krieg mit Boykotten, Professionalisierung des Sports) überstanden, so dass man zuversichtlich auf ihre Fortdauer hof-

Olympisches Feuer

fen kann – wenn die olympische Idee und die Wurzeln der Bewegung nicht in Vergessenheit geraten.

Olympische Ringe

Das Symbol der olympischen Ringe wurde von Pierre de Coubertin entworfen. Es besteht aus fünf verschlungenen Ringen in den Farben Blau, Gelb, Schwarz, Grün und Rot. Die sechste verwendete Farbe ist Weiß für den Hintergrund. Die Farben der Ringe stehen nicht – wie oft behauptet – für jeweils einen Kontinent. Vielmehr soll sich wenigstens eine Farbe aus den Nationalflaggen aller teilnehmenden Na-

Fahnen der heute an den Olympischen Spielen teilnehmenden Nationen

tionen in einer Farbe der olympischen Flagge wiederfinden.

Olympisches Feuer

Bei den antiken Olympischen Spielen zu Ehren des Gottes Zeus waren Waffen- und Kampfhandlungen verboten. Als Symbol für den Frieden brannte ein Feuer zu Ehren der Göttin Hestia. Seit 1936 wird dieses Symbol für die modernen Olympischen Spiele wieder verwendet: Eine Fackel wird im griechischen Olympia

entzündet. Dieses Feuer wird dann aus Griechenland zum Austragungsort der jeweiligen Spiele getragen. Mit dieser olympischen Fackel wird dort in einer Schale ein Feuer entzündet, das während der gesamten Olympiade brennt. 2004 wurde erstmals auf einem „Lauf durch die Geschichte der olympischen Spiele" das Feuer auf dem Weg zu den Olympischen Spielen in Athen durch alle fünf Kontinente getragen.

Der Olivenkranz

Warum bekamen die Sieger der Olympischen Spiele einen Olivenkranz? Das hat eine ganz lange und besondere Tradition: Der Mittelmeerraum ist die Heimat des Ölbaumes, auch Olivenbaum genannt. Nach der griechischen Mythologie soll es die Göttin Athene gewesen sein, die den Menschen den Ölbaum brachte. Unter einem Olivenbaum das Licht der Welt zu erblicken galt als Zeichen göttlicher Abkunft.

SPORTARTEN DER OLYMPISCHEN SPIELE

Zu den Olympischen Winterspielen gehören 19 verschiedene Sportarten, die im Folgenden aufgelistet sind:

Eissport:
Bobsport
Curling
Eishockey
Eiskunstlauf
Eisschnelllauf
Short Track
Freestyle
Rennrodeln
Skeleton
Ski Alpin
Abfahrt
Alpine Kombination
Riesenslalom
Slalom
Super-G
Ski Nordisch
Biathlon
Langlauf
Nordische Kombination
Skispringen
Snowboard

Zu den Olympischen Sommerspielen zählen mehr als 60 verschiedene Sportarten beziehungsweise Disziplinen:

Ballsport
Badminton
Baseball
Basketball
Beachvolleyball
Fußball
Handball
Hockey
Softball
Tennis
Tischtennis
Volleyball
Kampfsport/Kraftsport
Boxen
Fechten
Gewichtheben
Judo
Ringen
Taekwondo
Leichtathletik
Laufwettbewerbe
Gehen
Hürdenlauf
Langstrecken

Mittelstrecken
Sprintstrecken
Staffellauf
Mehrkampf
Siebenkampf
Zehnkampf
Sprungwettbewerbe
Dreisprung
Hochsprung
Stabhochsprung
Weitsprung
Wurfwettbewerbe
Diskuswerfen
Hammerwerfen
Kugelstoßen
Speerwerfen
Moderner Fünfkampf
Radsport
Bahnradsport
Mountainbike
Straßenrennen
Reitsport
Dressur
Springreiten
Vielseitigkeitsprüfung
Schießen
Bogenschießen
Sportschießen

Rhythmische Sportgymnastik
Triathlon
Turnen/Geräteturnen
Achtkampf
Barren
Boden
Pferdsprung
Reck
Ringe
Schwebebalken
Seitpferd
Stufenbarren
Trampolin
Zwölfkampf
Wassersport
Kanurennen
Kanuslalom
Rudern
Schwimmen
Brust
Freistil
Lagen
Rücken
Schmetterling
Segeln
Synchronschwimmen
Wasserball
Wasserspringen

Die olympische Fackel wird am Olympia-Altar entzündet

ten) warf ein Problem auf, als sich der Sport immer vielfältiger entwickelte. Es war nicht mehr möglich, alle Sportarten zu einem großen Fest zu vereinen. Deshalb gestattete das IOC die Durchführung eigenständiger Olympischer Winterspiele. Nach der 1925 vom IOC eingeführten Zählung war die Wintersportwoche von Chamonix 1924 die Erstausgabe. In und um Turin werden sie 2006 zum zwanzigsten Mal ausgetragen. Bis 1992 fand das Fest immer im Winter des Olympiajahres statt. Die Spiele von Lillehammer 1994 wurden um zwei Jahre vorgezogen, so dass es heute einen zweijährigen Rhythmus von Winter- und Sommerspielen gibt. Dieser Bruch mit der Tradition ermöglicht höhere Einnahmen aus Werbung und Fernsehgebühren, weil die Geldgeber jetzt nicht mehr alles in einem Jahr aufbringen müssen.

Deshalb ehrt man die Sieger von Olympia mit einem Kranz aus Olivenzweigen. Bei den Olympischen Spielen 2004 wurde dieser Brauch wieder aufgenommen.

Olympische Winterspiele

Der Leitgedanke der Olympischen Spiele „all games, all nations" (alle Sportarten, alle Staa-

Die Fahne mit den olympischen Ringen

Sieger mit Olivenkranz

American Football

Dieses Spiel stammt, genauso wie **Rugby**, vom **Fußball** ab. Im Jahr 1823 nahm ein Spieler einer Universitätsmannschaft zum ersten Mal den Ball in beide Hände, um damit das gegnerische Tor zu stürmen. Das geschah in der englischen Stadt Rugby – der Sport wurde hierauf nach dieser Stadt benannt. American Football erreichte sehr schnell große Beliebtheit.

Gegnerische Mannschaften

Die wahren Footballspieler schlossen sich 1863 in der „Football Association" zusammen, um sich gegen das brutalere Rugby abzugrenzen. Kurz danach entwickelte die Harvard Universität in Amerika ein eigenes Spiel, das Boston Game, bei dem der Ball auch geworfen werden durfte. Daraus entstand über viele Jahre mit ganz vielen Regeländerungen die heutige Form des American Football.

Die Sprache

Weil vor allem in den Vereinigten Staaten von Amerika American Football sehr verbreitet ist, wurden die Regeln und Spielerpositionen in englischer Sprache bei uns übernommen. Bei dem Spiel versuchen zwei Mannschaften mit je elf Spielern, einen Ball in die gegnerische Endzone zu bringen. Sehr ähnlich funktionieren Australian, Canadian und Arena Football.

Worum geht es?

Ziel des Spieles ist, mit der eigenen Mannschaft mehr Punkte zu erzielen als die gegnerische. Die Punkte bekommt man, indem man den ovalen Ball hinter die Grundlinie (in die Endzone) des Gegners befördert. Das heißt dann Touchdown und bringt sechs Punkte ein. Man kann den Ball auch durch Kicken in das gegnerische Tor schießen. Das heißt dann Field Goal und bringt drei Punkte.

Das Spielfeld

Die Länge des Spielfelds beträgt insgesamt 120 Yards (zirka 109 Meter; ein Meter sind 0,9 Yards), die Breite misst 50 Yards (zirka 48 Meter). Die jeweils letzten zehn Yards (zirka neun Meter) an beiden Enden sind die Endzonen. Sie sind das Ziel, in das der Ball hineingetragen oder hinübergeworfen (gepasst) wird. Am Ende der Endzonen befinden sich die Tore (Goals).

Die Mannschaften

Jede Mannschaft hat elf Spieler. Die Spieler können jederzeit beliebig ausgetauscht werden. Das geschieht oft blockweise: das gesamte Offense-Team (Angriff), Defense-Team (Verteidigung) oder ein Special Team.

Die Spielzeit

Die Spielzeit beträgt 60 Minuten und ist aufgeteilt in zwei Halbzeiten oder vier Quarters (Viertel). Zu Beginn jedes Viertels wird die Seite gewechselt. Nach dem zweiten Viertel gibt es eine Pause von 15 Minuten.

Ball (ca. 28 cm lang)

ca. 48 m

Schiedsrichter

100 yards (ca. 91 m)

Schiedsrichter

10 yards (9,15 m)

Schiedsrichter

Endzone

5,64 m

Tor

Schiedsrichter

Grundlinie

3,05 m

Spielfeld

Angreifer und Verteidiger stehen sich gegenüber

Das Spielziel

Das Ziel des Spiels ist, möglichst viele Punkte zu erreichen: Die meisten Punkte bringt ein Touchdown, nämlich sechs Punkte. Nach dem Touchdown erhält man noch die Möglichkeit, einen Extrapunkt zu erreichen, der **P**oint **a**fter **T**ouchdown (PAT) oder Conversion genannt wird. Dabei muss der Ball zwischen die beiden Torstangen geschossen werden. Zwei Punkte erhält eine Mannschaft durch einen Bonusspielzug (2-Points-Conversion). Drei Punkte erreicht man durch ein Field Goal oder zwei Punkte für den eher selten vorkommenden Safety. Das heißt, der ballführende Spieler wird in seiner eigenen Zone zu Fall gebracht.

Die Spieler

Der Quarterback hat die Aufgabe, die vom Trainer (Headcoach) ausgedachte Strategie umzuset-

zen. Er soll den Ball an einen Ballträger (Running Back) übergeben oder einem Passempfänger zuwerfen. Vor dem Quarterback stehen die Offensive Linemen, die meist groß und schwer sind und ihn vor den Verteidigern schützen sollen. Der Wide Receiver ist ein Spieler, der den vom Quarterback geworfenen Pass auffängt und sehr schnell laufen und somit weit in den gegnerischen Raum eindringen kann. Den Offensive Linemen direkt gegenüber stehen die Defensive Linemen, die Verteidiger. Sie sollen die Lücken schließen, so dass der gegnerische Ballträger nicht durchkommt. Auch sollen sie den Weg zum Quarterback freimachen, um ihn vor der Ballabgabe zu Boden zu bringen. Die Linebacker stehen hinter der Verteidigungslinie und sollen einen durchgebrochenen Ballträger stoppen oder Jagd auf den Quar-

terback machen. Die Spieler der letzten Verteidigungsreihe heißen Defensive Backs und sind in Safeties und Cornerbacks aufgeteilt. Sie sind die letzten Retter, um einen Angreifer zu stoppen.

Verbreitung

Nicht nur in den Vereinigten Staaten von Amerika, hat American Football viele Fans, auch in Australien, Südkorea und in Europa. Die bekannteste amerikanische Profiliga ist die National Football League (NFL). Das Finale davon ist der berühmte Super Bowl. In Deutschland gibt es seit Ende der 1970er Jahre Vereinsmannschaften. Die höchste Liga ist die German Football League (GFL). Die wichtigsten Teams sind Frankfurt Galaxy, Rhine Fire (Düsseldorf) und Berlin Thunder.

SUPERBOWL

Der Superbowl ist das größte und teuerste Einzelsportereignis der Welt. Das Team der New England Patriots gewann im Jahr 2004 zum dritten Mal innerhalb von vier Jahren das Finale. In dem kleinen Städtchen Jacksonville in Florida sahen knapp 80.000 Zuschauer das Spiel live im Stadion, obwohl die Eintrittskarte ungefähr 2000 Euro kostete! Das Finale wurde von den Fernsehanstalten in über 222 Länder übertragen und in 31 Sprachen kommentiert. Für die Amerikaner ist der Superbowl das Spiel der Spiele. Viele nehmen sich Urlaub, um im Stadion dabei sein oder die Übertragung im Fernsehen ansehen zu können.

Badminton

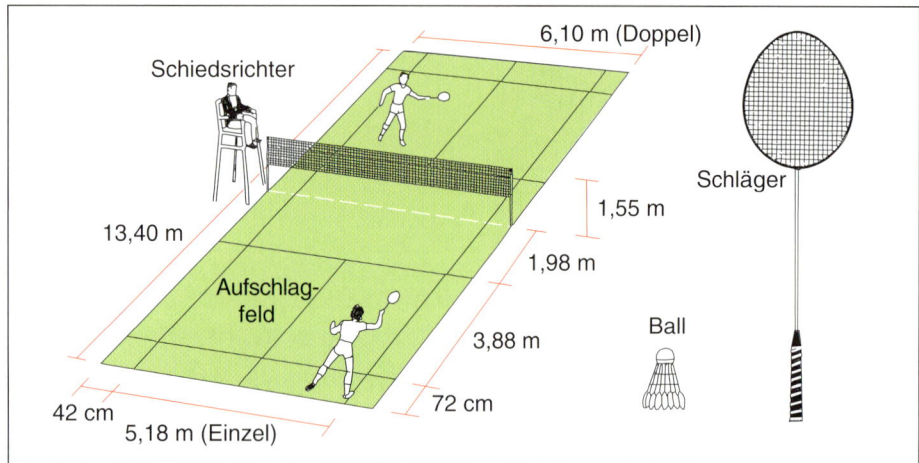

6,10 m (Doppel)

Schiedsrichter

Schläger

13,40 m

1,55 m

1,98 m

Aufschlag-
feld

Ball

3,88 m

42 cm

72 cm

5,18 m (Einzel)

Badminton

Aus dem altindischen Spiel „poo-na" entwickelte sich über die Jahrhunderte Badminton, die Wettkampfvariante des bekannten Federball. Die erste europäische Version und die ersten Regeln wurden im Jahr 1872 von dem Briten Duke of Beaufort auf seinem Landsitz Badminton (daher der Name) festgelegt. Es ist ein Ballspiel, das mit einem kleinen Federball und Badmintonschlägern (kleiner und leichter als ein Tennisschläger) gespielt wird.

Die Herausforderung

Beim Badminton müssen die Spieler schnell reagieren und eine sehr gute Kondition haben. Beim Schlagen mit dem Badmintonschläger muss man nicht sehr weit ausholen, um den Ball in die gewünschte Richtung zu schlagen. Deshalb kann der Gegner die Richtung des Balls nicht schon im Voraus an der Ausholbewegung erkennen. Badmin-

ton ist somit ein raffiniertes und trickreiches Spiel. Beim Angriff ist eine gute Reaktion und viel Laufarbeit notwendig. Steht der Spieler vorne am Netz, braucht er vor allen Dingen eine gute Technik und ein hervorragendes Ballgefühl, um beispielsweise den Ball direkt aus der Luft anzunehmen und danach nur ganz knapp übers Netz zu schlagen.

Mixed-Wettbewerb

Die Spieler

Für ein Spiel sind mindestens zwei Personen nötig. Wie beim **Tennis** kann mit bis zu vier Personen gleichzeitig im Doppel oder im gemischten Doppel, auch Mixed genannt, gespielt werden. Mixed bedeutet, dass eine Frau und ein Mann zusammen ein Team bilden.

Das Spielziel

Es geht darum, den Spielball so über das Netz in die gegnerische Feldhälfte zu spielen, dass es dem Gegner nicht gelingt, den Ball zurückzuschlagen, bevor er den Boden berührt. Dies bringt dem Angreifer das Aufschlagrecht, das heißt, der Spieler darf den Ballwechsel beginnen. Hat der Spieler bereits vor diesem Ballwechsel aufgeschlagen, dann bekommt er einen Punkt. Es kann immer nur derjenige Spieler einen Punkt machen, der aufgeschlagen hat. Als Fehler gilt, wenn der Ball das Netz in der Mitte des Spielfeldes nicht überquert oder außerhalb des Spielfeldes landet.

Die Regeln

Im Einzel wird bei geradem Punktestand des Spiels – also bei 0, 2, 4, usw. – der Aufschlag aus der rechten Feldhälfte gemacht. Bei ungeradem Punktestand von links. Der Spieler steht dabei normalerweise an der Mittellinie des Feldes kurz hinter der vorderen Aufschlaglinie. Die Aufschlaglinie ist die letzte Feldlinie vor dem Netz. Der Ball, auch Shuttle genannt, muss beim Aufschlag in das diagonal gegenüberliegende Aufschlagfeld gespielt werden. Landet der Ball nicht in diesem Feld, wird dies als Fehler gewertet und der Gegner erhält das Aufschlagrecht. Nach jedem gewonnenen Punkt wird das Aufschlagfeld gewechselt. Der Spieler schlägt also abwechselnd vom rechten und vom linken Feld aus auf. Beim Doppel wird immer aus dem rechten Feld aufgeschlagen. Gewinnt die aufschlagende Mannschaft im folgenden Ballwechsel einen Punkt, wechseln die Spieler dieser Mannschaft die Position.

Im Badminton wird, wie auch im Tennis oder **Volleyball**, nach Sät-

Return am Netz

VERWANDTE SPIELARTEN

Beachminton ist eine Variante des typischen Badminton, allgemein umschrieben als wettkampfmäßiges Federballspiel auf Sand.
Speedminton® ist ein schnelles Ballspiel, das aus Komponenten vom Badminton, Squash und Tennis besteht, jedoch mit stark vereinfachten Regeln.
Blackminton ist eine Variante des Speedminton das nachts gespielt wird, wobei das Spielfeld nur durch Schwarzlicht ausgeleuchtet wird.

Beim Badminton ist eine gute Reaktion notwendig

zen gespielt. Ein Satz gilt in der Regel als gewonnen, wenn ein Spieler beziehungsweise die beiden Spieler eines Doppels 15 Punkte erreicht haben. Allerdings müssen dabei mindestens zwei Punkte Vorsprung bestehen. Ein Satz kann also 15:13 enden, nicht aber 15:14. Daneben gibt es noch Sonderregelungen wie zum Beispiel die Verlängerung. In der Verlängerung wird beim Dameneinzel beim Stand von 10:10 bis 13 Punkte gespielt, beim Herreneinzel beim Stand von 14:14 bis 17 Punkte. Wer

zwei Sätze gewonnen hat, gewinnt das ganze Match.

Verbreitung
In Deutschland finden neben den in Badminton-Ligen ausgetragenen Wettkampfspielen auch wichtige Weltcup-Turniere statt. Dabei wird ausschließlich in Hallen gespielt. Badminton war 1972 in München Vorstellungssportart für die **Olympischen Spiele** und seit den Olympischen Spielen 1992 in Barcelona ist es eine feste olympische Disziplin.

Baseball

Blick auf das Infield

Für viele Menschen ist die Welt des Baseball ein großes Rätsel. Dabei ist Baseball eigentlich gar nicht so schwer zu verstehen. Es gibt nur einige besondere Eigenschaften, die es für Anfänger kompliziert macht.

Die Geschichte

Ein Oberst der amerikanischen Militärakademie West Point, Abner Doubleday, stellte 1839 einige erste Regeln auf und organisierte hierauf ein Spiel. Einige bezeichnen ihn als den Begründer des Sports. Allerdings wird auch oft Alexander Cartwright als „Vater" des amerikanischen Baseball bezeichnet. Er war der Schiedsrichter der ersten nach einem Regelwerk gespielten Partie Baseball, die 1836 zwischen dem Knickerbocker Club und dem New York Club stattfand. 1858 wurde der Nationalverband der Baseballspieler gegründet und die verschiedenen Ligen begannen sich zu entwickeln. Ungefähr 30 Clubs und Vereine waren beim Vorläufer der heutigen Baseball-Ligen dabei. Sie einigten sich noch im gleichen Jahr auf eine Spieldauer von neun Spielrunden (Innings), die bis heute gelten. Die Menschen waren fasziniert von diesem Sport, der sich schnell an Schulen, Colleges und Universitäten ausbreitete. Nur in wenigen anderen Sportarten werden bei den Spielerwechseln so unglaublich hohe Summen gezahlt. Im Jahre 1876 organisierte sich die National League und 1901 die American League. Bei den **Olympischen Spielen** 1904 in St. Louis wurde diese Sportart zum ersten Mal vorgeführt, 1992 wurde sie offiziell olympisch.

Das Spielfeld

Ein Baseballfeld hat etwa die Form eines Viertelkreises. Die geraden Kanten bilden die Seitenauslinien (Foullines) und sind zwischen 90 und 120 Meter lang.

Die meisten Spielzüge finden im Innenfeld (Infield) statt, das ist das Quadrat in der Spitze des Viertelkreises. Es ist 90 Fuß (etwa 27 Meter) lang und an seinen Ecken befinden sich die vier Bases (Male), die vom Läufer erreicht werden müssen. Der Rest des Spielfeldes heißt Außenfeld (Outfield). In der Mitte des Infield befindet sich der Pitcher's Mound, ein zirka 25 Zentimeter hoher Hügel, auf dem der Werfer (Pitcher) steht. Von diesem Hügel muss der Werfer die Bälle am 60 Fuß (zirka 18 Meter) entfernten gegnerischen Schlagmann (Batter) vorbei zu seinem Fänger (Catcher) werfen, der den Ball fangen soll. Der Schlagmann auf dem Schlagmal (Homebase) muss dabei versuchen, den Ball mit seinem Schläger abzufangen und möglichst weit zu schlagen.

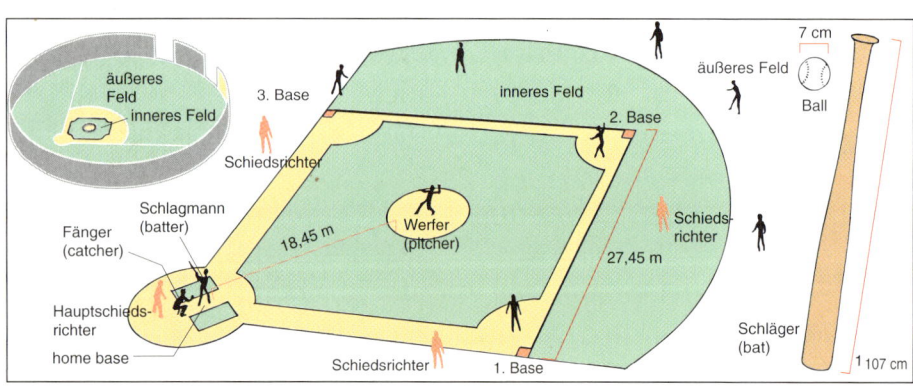

Baseballfeld

Die Ausrüstung

Der Baseballschläger ist aus Holz oder Aluminium. Er ist höchstens 1,07 Meter lang und zirka sieben Zentimeter breit. Der Ball besteht aus Kork und ist mit Gummi oder Leder überzogen. Er hat einen Umfang von genau 22,86 Zentimeter und wiegt zirka 142 bis 149 Gramm. Die Spieler tragen zu ihrer Sicherheit alle Schutzkleidung, beispielsweise dicke Lederhandschuhe zum Fangen und Schutzhelme.

Das Spielziel

Beim Baseball spielen zwei Mannschaften mit je neun Spielern gegeneinander. Die Teams übernehmen abwechselnd die Rolle der angreifenden Schlagmannschaft und der verteidigenden Feldmannschaft.

Ziel des Spieles ist , während sich die eigene Mannschaft in der Angreiferposition befindet, möglichst viele Punkte zu sammeln. Dies geschieht, indem die Spieler der eigenen Mannschaft durch „Erobern" der Bases auf dem Spielfeld bis zur Homebase vorrücken. Jeder Spieler, der dies schafft, erhält einen Punkt. Die Feldspieler gehen bei Spielbeginn auf ihre Position. Das Spiel beginnt mit einem Duell zwischen dem Werfer auf einem kleinen Hügel in der Spielfeldmitte und dem Schlagmann. Der Werfer hat die Aufgabe, den Ball durch einen gezielten Wurf zum Fänger ins Spiel zu bringen. Der Schlagmann muss aber versuchen, dies mit seinem Schläger

Der Schlagmann bei der Abwehr des Balles

zu verhindern. Damit der Ball nicht beliebig geworfen wird, muss er durch die so genannte Strike Zone fliegen. Schafft es der Werfer, den Ball am Schlagmann vorbeizubringen, wird dies als „Strike" gewertet. Der Werfer bekommt dann einen Punkt. Fliegt der Ball nach dem Wurf nicht durch die Strike Zone, bekommt der Schlagmann den Punkt, auch wenn er den Ball nicht getroffen hat. Ein Schlagmann, der vier Bälle auf seinem Konto hat, darf ungehindert zur ersten Base vorrücken. Hat der Schlagmann dagegen drei Strikes gegen sich, ist er „aus"

(Out) und muss zurück auf die Spielbank, bis er wieder mit Schlagen an der Reihe ist. Er hat so keine Möglichkeit, in diesem Inning einen Punkt zu machen.

SOFTBALL

Softball ist eine Variante von Baseball. Dabei wird der Ball vom Pitcher nicht von oben geworfen, sondern mit einer Kreisbewegung von unten. Es unterscheiden sich noch einige weitere Regeln vom Baseball, das Spielprinzip ist aber identisch. Baseball wird zur Unterscheidung vom Softball manchmal auch Hardball genannt. Der Name des Spiels ist irreführend: Der Ball selbst ist größer als ein Baseball, aber genauso hart. Er kann nur wegen seiner Größe nicht ganz so hart geworfen und geschlagen werden. In Amerika wird als Hobby von Erwachsenen vorwiegend Softball gespielt, Baseball dagegen von Profis und an Schulen. In Deutschland spielen Herren Baseball und Damen Softball.

Die Spieler tragen zur Sicherheit dicke Handschuhe aus Leder

Ein spannendes Spiel entsteht, wenn der Schlagmann den Ball trifft und ins Feld befördert. In diesem Fall muss er versuchen, so schnell wie möglich zur First Base (oder auch weiter) vorzurücken, ehe die Feldmannschaft den Ball dorthin geworfen hat. Erreicht er eine Base, ehe der Ball da ist, ist er „safe" (sicher). Er ist aus, wenn der Ball direkt aus der Luft gefangen wird oder der Ball die angesteuerte Base des Schlagmanns (der jetzt Läufer ist) vor ihm erreicht. Wenn der Schlagmann sicher eine Base erreicht hat, tritt der nächste Batter an. Trifft auch dieser den Ball, muss er ebenfalls zur ersten Base laufen. Sein Vorgänger muss daraufhin die Base freimachen, denn es darf sich immer nur ein Spieler darauf aufhalten. Aus diesem Grund ist er gezwungen, auf die anderen Bases vorzurücken. Wie weit er es schafft vorzurücken, hängt von ihm und der Spielsituation ab, denn die Läufer (Runner) sind nur auf den Bases vor

Läufer beim Fangen des Balles

Schlagmann und Fänger warten auf den Ball

angreifenden Spieler mit den verschiedenen Möglichkeiten „aus" zu machen. Das führt zu einem Parteienwechsel. Amerikanische Baseballpartien bestehen üblicherweise aus neun Innings, deutsche Bundesligaspiele aus sieben. Da die Länge eines Inning vom jeweiligen Spielablauf abhängt, gibt es beim Baseball kein Zeitlimit.

Verbreitung

Baseball ist im nordamerikanischen und asiatisch-pazifischen Raum sehr beliebt und wird als Nationalsportart bezeichnet. In diesen Ländern ist Baseball der beliebteste Zuschauersport und vereint immer wieder unzählige Menschen bei einem großen Spiel vor dem Fernseher oder im Stadion. Baseball ist die dritthäufigste Sportart der Welt. Sie wird von 210 Millionen Aktiven betrieben und in über 100 Ländern ausgeübt. In Europa, auch in Deutschland, wird Baseball immer beliebter. Mittlerweile spielen rund 100.000 Menschen in Europa diesen Sport. In Deutschland sind um die 30.000 Spieler aktiv. Der Deutsche Baseball und Softball Verband e.V. organisiert mit seinen Landesverbänden den Spielbetrieb in verschiedenen Ligen.

den Aktionen der Verteidigung sicher. Gelingt es einem Spieler das ganze Feld auf einmal zu umrunden und alle Bases zu überlaufen, bezeichnet man dies als Home Run. Sobald ein Spieler eine Base verlässt, können die Feldspieler versuchen, ihn mit dem Ball zu berühren (Tag Out) und „aus" zu machen. Wenn ein Läufer alle vier Bases passiert hat und die Homebase erreicht, hat er einen Punkt erspielt. Beim Baseball kann man nur in der angreifenden Position punkten. Daher ist es Ziel der verteidigenden Mannschaft, drei der

FASTPITCH UND SLOWPITCH SOFTBALL

Beim Fastpitch Softball kann der Ball beliebig hart geworfen werden. Diese Variante wird üblicherweise in Schulen, Universitäten und Amateur-Ligen gespielt. Damen Fastpitch Softball ist seit 1996 olympische Disziplin. Slowpitch Softball ist die „Freizeit-Variante" des Softball, bei dem der vom Pitcher geworfene Ball einen deutlichen Bogen beschreiben muss.

Basketball

Basketball ist eine Ballsportart für zwei Mannschaften mit je fünf Spielern. Es ist eine der beliebtesten Sportarten der Welt, insbesondere in den USA, aber auch in Süd- und Osteuropa. Der Erfinder James Naismith entwickelte das Ballspiel 1891 als Hallensport für die Schule. Er suchte, im Vergleich zu **Fußball**, eine Ballsportart, bei der sich die Spieler kaum verletzen können. Dazu stellte er die Tore nicht auf den Boden, sondern hängte Körbe auf. Innerhalb weniger Jahrzehnte setzte sich Naismiths Erfindung in ganz Amerika und schließlich weltweit durch. Seit 1936 ist Basketball Teil der Olympischen Sommerspiele. Weltweite Aufmerksamkeit erregte diese Sportart 1992, als bei den **Olympischen Spielen** in Barcelona erstmals auch Profis zugelassen wurden und das amerikanische „Dream Team" seinen legendären Siegeszug antrat.

Das Spielfeld

Das Spielfeld ist 26 Meter lang und 14 Meter breit. Die Körbe mit einem Durchmesser von 45 Zentimeter hängen in einer Höhe von 3,05 Meter. Sie sind von einer Freiwurfzone und von einer Drei-Punkte-Zone (Korbentfernung: 6,25 Meter) umgrenzt.

Das Spielziel

Zweck des Spiels ist, den Ball möglichst oft in den gegnerischen Korb zu werfen. Beim Basketball gibt es vier Viertel. In Deutschland hat jedes Viertel eine Dauer von zehn Minuten (USA: zwölf Minuten). Steht es am Ende des vierten Viertels unentschieden, gibt es Verlängerungen von je fünf Minuten („overtime"), bis ein Sieger feststeht. Für einen erfolgreichen Korbwurf werden zwei Punkte berechnet. Ein Wurf, der hinter der so genannten Drei-Punkte-Zone geworfen wurde bringt

Basketballkorb

drei Punkte. Bei einem Foul während eines Korbwurf-Versuches bekommt der gefoulte Spieler so viele Freiwürfe, wie Punkte mit dem Wurf möglich waren. Wenn der Ball nach einem Foul trotzdem in den Korb geht, zählen die Punkte und der gefoulte Spieler bekommt einen Bonus-Freiwurf. Ein Freiwurf zählt immer einen Punkt. Man unterscheidet zwischen persönlichen (personal), technischen (technical), unsportlichen (flagrant) und disqualifizierenden (disqualifying) Fouls. Bei einem persönlichen Foul ist immer ein Körperkontakt vorhanden. Dazu gehören Stoßen, Schubsen, Festhalten, Schlagen.

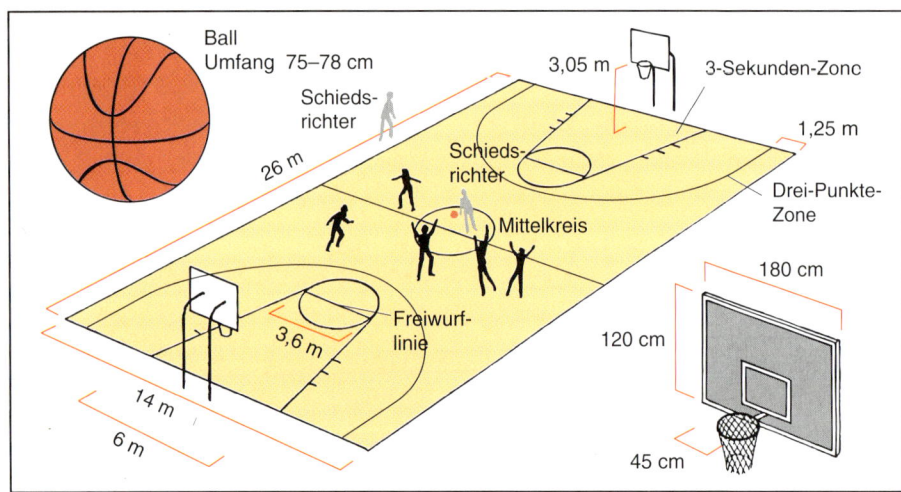

Basketballfeld

MICHAEL JORDAN

Michael Jordan (geboren am 17. Februar 1963 in New York City) gilt als der erfolgreichste Basketball-Spieler aller Zeiten. Er spielte 14 Jahre bei den Chicago Bulls und wurde zehnmal bester Korbjäger der Saison. Höhepunkt seiner Karriere war die Wahl zum Sportler des Jahrhunderts. 2003 trat Michael Jordan im Alter von 40 Jahren vom Profisport zurück.

Streetball wird auch in Europa immer beliebter

Begeht ein Spieler ein Foul, bei dem keine Chance auf eine Abwehr des Balles möglich war, kann der Schiedsrichter auf „unsportliches Foul" entscheiden. Dies wird mit zwei Freiwürfen und anschließendem Einwurf für die Mannschaft des gefoulten Spielers geahndet. Technische Fouls sind Beleidigungen, anstößige Bemerkungen und Handzeichen sowie jedes andere Fehlverhalten ohne Körperkontakt. Jedes offensichtlich unsportliche Verhalten eines Spielers, Ersatzspielers oder eines anderen Teammitglieds ist ein disqualifizierendes Foul. Hierbei wird die betroffene Person mindestens für das restliche Spiel ausgeschlossen. Wenn eine Mannschaft mehr als vier Fouls in einem Viertel begannen hat, ist die so genannte Mannschaftsfoulgrenze (Teamfoul) erreicht. Nach dem fünften Mannschaftsfoul erhält der Gegner für jedes Foul zwei Freiwürfe.

Die Taktik

Jeder Spieler übernimmt eine der drei festgelegten Positionen: Center (Mitte), Flügelspieler (Power Forward, Small Forward), Aufbau (Shooting Guard, Point Guard). Die Position Point Guard bedeutet, dass dieser Spieler sich ganz auf den Aufbau des Spieles konzentriert. Er ist der Spielmacher und verteilt die Bälle unter den Angreifern. Der Shooting Guard ist der Spieler, der ihm beim Aufbau hilft und außerdem aus der Entfernung punktet. Small Forward oder Flügelspieler heißt der Spieler, der sich mit dem Shooting Guard an der Seite des Spielfeldes aufhält. Power Forward sind meistens sehr große Spieler, die die Center in der Nähe des Korbes unterstützen. Die Center sind die ganz großen Spieler, die direkt unter dem Korb spielen, um den Ball dort hineinzuwerfen. Dies wird versenken (dunking) genannt. Sie holen auch die so genannten Rebounds, das heißt, sie fangen die Bälle, die vom Korb wieder abprallen.

STREETBALL

Besonders Streetball erfreut sich als Freizeitsportart immer größerer Beliebtheit. Im Unterschied zum klassischen Basketball wird hier meistens drei gegen drei auf einen Korb gespielt und es findet im Freien statt.

DER STAR

Dirk Nowitzki (geboren am 19. Juni 1978 in Würzburg) ist derzeit der einzige deutsche Basketballspieler in der US-amerikanischen Profiliga NBA. Er gilt in Fachkreisen als einer der besten Basketballspieler der Welt. Er fing erst mit 15 Jahren an, Basketball zu spielen. In der Saison 1997/98 war er Korbschütze und Rebounder des Zweitligisten DJK Würzburg. 1998 wurde er von den Milwaukee Bucks eingekauft (gedraftet) und anschließend an die Dallas Mavericks verkauft (getradet). Mit der deutschen Basketball-Nationalmannschaft erreichte Nowitzki die Bronzemedaille der Weltmeisterschaft 2002.

Dirk Nowitzki ist der erfolgreichste deutsche Basketballspieler in den USA

Biathlon

Biathlon kommt aus der griechischen Sprache und bedeutet Doppelkampf. Man fand Aufzeichnungen über die Jagd mit Skiern, die bereits über 5000 Jahre alt sind. Die Kombination aus **Langlauf** und Schießen wurde zur Jagd und später zu militärischen Zwecken angewandt. Die so genannten Patrouillenläufe wurden auch schon im Militär ausgetragen. Die ersten Wettkämpfe fanden Ende des 19. Jahrhunderts statt. 1958 wurde Biathlon offiziell als Sportart anerkannt und die erste Weltmeisterschaft ausgetragen. Seit 1960 ist der Einzelwettkampf der Männer olympische Disziplin. Biathlon wird in der Regel im Winter ausgeübt und setzt sich aus den zwei Disziplinen Skilanglauf und Schießen

zusammen. Beim Sommer-Biathlon, der meist nur regionale Bedeutung hat, wird der Skilanglauf auf Rollenski ausgetragen.

Die Wettkämpfe

Jährlich in der Wintersaison von Dezember bis März wird für Männer und Frauen der Biathlon-Weltcup ausgetragen, eine Serie von 26 einzelnen Wettkämpfen in neun Orten und acht Ländern (Saison 2003/2004). Ein Punktesystem bestimmt die Weltcup-Gesamtwertung. Jedes Jahr wird außerdem eine Weltmeisterschaft ausgetragen. Der jeweils Führende im Gesamtweltcup trägt eine gelb unterlegte Startnummer, der Führende in der jeweiligen Disziplin eine rot unterlegte.

Die Disziplinen

Die Biatholon-Wettkämpfe unterteilen sich in verschiedene Disziplinen:

Einzel

Die Athleten starten einzeln nacheinander. Die Distanz beträgt 20 Kilometer bei Männern und 15 Kilometer bei Frauen. Bei jeweils zweimal Liegend- und Stehendschießen wird jeder Fehlschuss mit einer Minute Strafzeit bestraft. Diese im Vergleich zu anderen Wettbewerben hohe Strafe gleicht den Vorteil der starken Läufer in dieser Disziplin zugunsten der guten Schützen wieder aus.

Sprint

Die Teilnehmer starten einzeln nacheinander. Die Distanz beträgt zehn (Männer) oder 7,5 Kilometer (Frauen). Bei je einem Liegend- und Stehendschießen wird jeder Fehler mit einer Strafrunde von 150 Metern bestraft, diese dauert 20 bis 25 Sekunden. Heutzutage ist der Sprint, in Kombination mit der Verfolgung,

Uschi Disl beim Liegendschießen

Biathleten am Schießstand

die häufigste Wettkampfform im Weltcup.

Verfolgung

Die 60 besten Athleten der Sprintwertung starten bei der Verfolgung in dem Zeitabstand, mit dem sie beim Sprint ins Ziel kamen. Die Distanz beträgt 12,5 (Männer) oder zehn Kilometer (Frauen). Bei jeweils zwei Liegend- und Stehendschießen wird jeder Fehler mit einer Strafrunde von 150 Metern bestraft. Die Verfolgung wurde 1997 zum ersten Mal ausgetragen. Verfolgung und Massenstart haben aufgrund ihrer Dramatik den größten Zuschauererfolg.

Massenstart

Alle Athleten gehen gleichzeitig ins Rennen. Es starten nur die 30 Besten im Gesamtweltcup. Die

Distanz beträgt 15 Kilometer bei den Männern und 12,5 Kilometer bei den Frauen. Bei jeweils zwei Liegend- und Stehendschießen wird jeder Fehler mit einer Strafrunde von 150 Metern bestraft. Aufgrund der beim Massenstart benötigten breiten Starttrasse können nur wenige Weltcupstandorte diesen Wettbewerb austragen. Bei dem Gedränge sind Stürze in der Startphase keine Seltenheit. Der Massenstart wird seit 1997 ausgetragen.

Staffel

Die nach Ländern aufgestellten und aus je vier Athleten bestehenden Staffeln gehen gleichzeitig ins Rennen. Die Distanz pro Biathlet beträgt 7,5 (Männer) oder sechs Kilometer (Frauen). Bei je einem Liegend- und Stehendschießen darf jeder Biathlet dreimal nachladen. Jeder weitere Fehler zieht eine Strafrunde von 150 Metern nach sich.

Das Schießen

Der Schießplatz besteht aus 30 Schusslinien. Geschossen wird mit einem mindestens 3,5 Kilogramm schweren Kleinkalibergewehr auf die 50 Meter entfernten fünf Scheiben. Dabei beträgt der Durchmesser der Scheiben beim Liegendschießen 4,5 Zentimeter und beim Stehendschießen 11,5 Zentimeter.

Verbreitung

Biathlon ist in den letzten Jahren vor allem in Deutschland zu einer der beliebtesten Wintersportarten überhaupt gewor-

den. Die Weltcups werden alle im Fernsehen übertragen. Auch in Skandinavien und Russland gehört diese Sportart zu den bekanntesten und beliebtesten.

Ole Einar Bjørndalen

Billard

Es ist nicht überliefert, wie genau und zu welcher Zeit Billard entstanden ist. Hinweise auf ähnliche Ball- und Sportspiele gibt es aus dem 13. Jahrhundert. In dieser Zeit wurde aber auf dem Boden gespielt und die Kugeln schlug man mit einem Stock. Erst im 15. Jahrhundert spielte man auf Tischen. Den Anfang machte ein Pfandleiher namens Bill Knew mit drei Kugeln. Am Rand des Tisches befestigte er Leisten (Banden), damit die Kugeln nicht

Billardqueue

herunterfielen. Der Name Billard entstand aus dem französischen Art de Bille, was frei übersetzt Kunst der Kugeln heißt. Der Name Queue (das ist der Spielstock), leitet sich aus dem Familiennamen des Erfinders Knew ab. Die Möglichkeiten waren beschränkt, da der Billardstock gebogen war und die Kugeln auch nicht am Queue hafteten. Aus der Not heraus entwickelte man durch Zufall eine wichtige Erfindung: das Leder für den Queue. Von da an blieb die Queuespitze an den Bällen haften. 1854 wurde das Spiel durch die Erfindung einer gummigepolsterten Bande weiter revolutioniert. Anfang 1900 wurden bereits Amateurweltmeisterschaften ausgetragen. Es entstanden verschiedene Verbände, auch der Weltbillardverband. Heutzutage ist Billard als Freizeitsport sehr bekannt und beliebt.

Die Grundlagen

Meist spielen zwei Personen gegeneinander. Mit den Billardkugeln und dem Queue, wird auf einem Tisch gespielt. Dieser besitzt an den Längsseiten jeweils drei Taschen, welche die Kugeln auffangen, nachdem sie versenkt wurden. Der Tisch ist mit einem Stofftuch, meist Filz, bezogen. Das Tuch sorgt für Reibung zwischen Kugel und Spielfläche. So kann der Spieler durch einen gezielten Stoß die Kugeln auf eine

bestimmte Bahn lenken. Man unterscheidet zwischen einem Stoß, der exakt in der Mitte die weiße Kugel trifft, und einem Effetstoß, der die Kugel außerhalb der Mitte trifft. Dieser Stoß führt zu einer Drehung der Kugel um ihre eigene Achse. Außerdem wird die Kugel in Rotation versetzt (Effet). Profis spielen die weiße Kugel nur selten exakt in der Mitte an, da sie mit Effet den Lauf der weißen Kugel genauer lenken können. Trifft man die weiße Kugel in der Mitte, so schiebt man sie zunächst ein wenig. Nach kurzer Laufdistanz beginnt sie jedoch wegen der Reibung auf dem Tuch zu rollen.

Je nachdem, wo man die Kugel trifft, hat dies unterschiedliche Wirkungen. Die verschiedenen Möglichkeiten lassen sich kombinieren, um zum Beispiel der weißen Kugel nach dem Versenken einer anderen Kugel eine ganz bestimmte Laufrichtung zu geben.

Allgemeine Poolbillard-Regeln

Allen Poolbillard-Arten ist gemeinsam, dass irgendeine Kugel nach dem Zusammenstoß (der Karambolage) eine Bande anlaufen oder versenkt werden muss. Durchstoßen ist nicht erlaubt. Das bedeutet, dass die Queuespitze nach dem Abstoß noch die weiße Kugel berührt, obwohl diese schon eine farbige berührt. Es ist nicht erlaubt zu stoßen, solange sich noch Kugeln bewegen. Dazu zählt auch das Drehen um die eigene Achse. Es ist auch nicht erlaubt, die Kugeln mit etwas anderem als der Queuespitze zu berühren. Ein Foul begeht man immer dann, wenn man einen nicht korrekten Stoß gemacht hat. Je nach Disziplin wird ein Foul unterschiedlich geahndet.

Die bekanntesten Variationen

8-Ball: Ziel des Spiels ist, seine Gruppe von Kugeln, halbe (gestreifte) oder volle, zu versenken und dann am Ende die schwarze 8. Die Gruppe wird aber nicht durch den ersten Ball bestimmt, der unter Umständen schon beim Anstoß fällt, sondern durch den ersten korrekt (also auch angesagten) versenkten Ball nach dem Anstoß. Gute Spieler teilen den Tisch in Zonen ein und spielen dann die Kugeln von Zone zu Zone weg. Gefährlich wird es meistens, wenn man alle seine Kugeln weggespielt hat, aber die 8 liegen lässt. Jetzt stehen nicht mehr viele Kugeln im Weg und der Gegner kann seine Kugeln gut spielen.

Die Billardkugeln werden zu Beginn auf dem Tisch platziert

9-Ball: 9-Ball ist auf Turnieren das häufigste Spiel. Es hat einfache Regeln und ist schnell. Gespielt wird mit den Kugeln 1 bis 9, also allen „Vollen" und der gestreiften 9. Die Kugeln werden so aufgebaut, dass die 1 vorne und die 9 in der Mitte liegt. Bei jedem Stoß muss mit der weißen Kugel die Kugel mit der niedrigsten Zahl getroffen werden. Es ist aber erlaubt, dass durch eine Kombination eine andere Kugel versenkt wird. Es muss keine Kugel angesagt werden. Wer mit einem korrekten Stoß die 9 versenkt, hat das Spiel für sich entschieden.

KARAMBOLAGE

Karambolage ist eine Billard-Art, die mit drei Kugeln gespielt wird. Zwei der drei Kugeln werden jeweils einem Spieler fest zugeordnet. Die dritte Kugel ist rot und wird niemals direkt angespielt. Karambolage-Billard ist ein Punktzählspiel. Einen Punkt kann man dann erzielen, wenn man mit seiner eigenen Kugel die anderen beiden Kugeln berührt. Bei diesem Spiel besitzt der Billardtisch im Gegensatz zum Poolbillard keine Taschen.

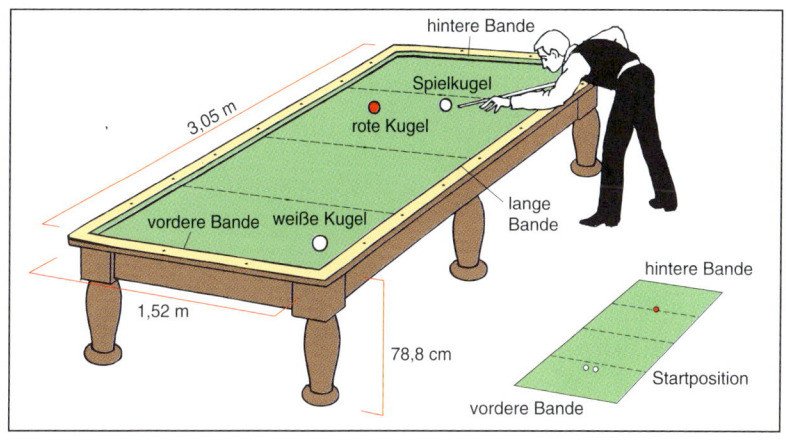

Billardtisch

Bob

Bobfahren ist ein Schlitten-Rennen, bei dem der Schlitten in kürzester Zeit durch einen Eiskanal gesteuert werden muss. Diese Sportart wurde in der Schweiz von einem Engländer erfunden. 1888 verband Wilson Smith zwei Schlitten mit einem Brett, dabei benutzte er den vorderen Schlitten zum Lenken. Diese Kombination nannte er Bob (englisch „to bob" = sich hin und her bewegen) und fuhr damit von St.

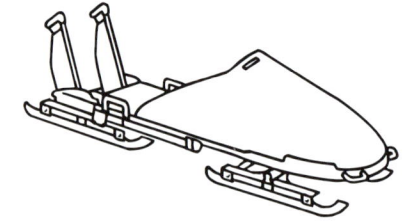

Skizze eines Bobs

Moritz nach Celerina. Den ersten Bob, so wie wir ihn heute kennen, baute der Schweizer Mathis wenige Monate später. Der Schlitten war aus Holz und er hatte mit Stahl belegte Kufen. Das neue Sportgerät wurde dann auf der Cresta-Bahn (Skeleton) in St. Moritz ausprobiert, aber man stellte

bald fest, dass die Bobs zu schnell waren. Deshalb wurde 1904 die erste Bobbahn der Welt gebaut. Die ersten Bobrennen in Deutschland gab es 1905 in Schreiberhau (Schlesien) und 1906 in Oberhof (Thüringen). 1924 fanden die ersten Weltmeisterschaften statt, 1929 auch die für Viererbobs. Gleich bei den ersten Olympischen Winterspielen in Chamonix 1924 wurde der Bobwettkampf (Viererbob) ausgetragen. 1932 in Lake Placid wurden auch die Zweierbobs zugelassen und seit damals sind beide Disziplinen im Programm.

Bob in der Bobbahn

2002 bei den Olympischen Winterspielen in Salt Lake City waren die Frauen im Zweierbob zum ersten Mal dabei. Das Bobfahren ist dem **Rodeln** sehr ähnlich und es wird oft als Königsklasse des Schlittensports bezeichnet, weil die Technik des Sportgeräts eine sehr große Rolle spielt.

Die Bobbahn

Die Abfahrten finden in der Regel auf einer künstlich angelegten 1200 bis 1600 Meter langen Bobbahn mit einem lenkbaren Bobschlitten statt. Sie haben fünf oder mehr stark überhöhte Kurven und ein durchschnittliches Gefälle von acht Prozent.

Der Bob

Das Gesamtgewicht darf mit Fahrern maximal 630 Kilogramm bei den Männern und 390 Kilogramm bei den Frauen betragen. Auch die Abmessungen der Bobs sind vorgeschrieben: Ein Bob muss 67 Zentimeter breit und bei den Frauen 2,70 Meter beziehungsweise 3,80 Meter bei den Männern lang sein. Die Kufen dürfen nicht verkleidet werden.

Der Wettkampf-Ablauf

Alle Bob-Verbände schicken ihre Nummer 1 zum Wettkampf. Der Sieger einer Gruppe ist die Mannschaft mit der kürzesten Zeit aus vier Läufen. Gestartet wird jedes Mal in veränderter Reihenfolge. Sehr wichtig für den Erfolg ist auch die Anschubkraft, mit der die Fahrer die Bobs in Bewegung setzen. Waren früher leichte Fahrer gefragt, sind

Seit 1932 sind auch Zweierbobs olympisch

heute eher athletischere Typen für diesen Sport geeignet, weil sie Kraft zum Anschieben brauchen. Gebremst wird erst, nachdem das Ziel durchfahren ist – dann aber kräftig.

BESONDERES

1932 in Lake Placid gewannen die Amerikaner. Mit dabei war Edward Eagan, der auch schon einmal Box-Olympiasieger im Halbschwergewicht gewesen war (1920). So war er der einzige Sportler in der gesamten olympischen Geschichte, der im Winter und im Sommer Gold gewann.

Boccia, Boule

Boccia ist die italienische Variante des französischen Boule-Spiels, bei dem es darum geht, seine eigenen Kugeln möglichst nah an eine kleinere Zielkugel heranzuwerfen und die gegnerischen Kugeln von der Zielkugel fortzustoßen. Dieses Spiel ist ein im südlichen Europa sehr beliebtes Freizeitspiel, das gerne in öffentlichen Parks gespielt wird. Im Gegensatz zum Boule bestehen Bocciasets in Deutschland meistens aus acht mit Wasser gefüllten Kunststoffkugeln plus der Zielkugel (Pallino). Sets gibt es für bis zu vier Mitspieler zwei Versionen wie beim Boule (französisch für Kugel): Eine Variante wird mit, die andere ohne Anlauf gespielt. Ziel ist auch beim Boule, seine eigenen Kugeln möglichst nahe an eine kleinere Kugel (manchmal auch cochonet oder Schweinchen genannt) oder an eine bestimmte Markierung durch Wurf oder Rollen heranzubringen. Dabei wird meistens abwechselnd oder nach vorher festgelegtem Ablauf geworfen. Man darf auch eine gegnerische Kugel durch die eigene wegstoßen. Derjenige, der zuerst eine vereinbarte Punktzahl erreicht, ist der Sieger. Es kann auch in Gruppen und Mannschaften gespielt werden.

Boccia als Wettkampfsport

Im Wettkampf wird Boccia einzeln, in Paaren oder in Teams gespielt. Boccia ist eine feste Disziplin der Paralympics, der Olympiade für behinderte Menschen. Es erfordert Konzentration, Muskelkontrolle, Genauigkeit, Teamarbeit und Strategie.

Die Regeln

Bocciaspiele werden in Hallen abgehalten, auf speziell markierten Spielfeldern. Hier werden englische Ausdrücke benutzt. Die Spieler müssen die bunten Lederbälle, rot oder blau, so nah wie möglich an den kleinen weißen Zielball heranwerfen. Dieser wird „Jack" ge-

nannt. Das Spiel beginnt mit einem Münzwurf des Schiedsrichters. Die Gewinnerseite beginnt das Spiel und entscheidet, mit welcher Farbe sie spielen will. Die Seite mit den roten Bällen beginnt die erste Runde, indem sie zuerst den Jack wirft und dann den ersten roten Ball. Der Ball kann mit der Hand oder dem Fuß geworfen werden. Wenn der Spieler eine motorische Störung hat oder der Bewegungsablauf nicht stimmt, der die Arme und Beine betrifft, darf er auch ein Hilfsmittel verwenden. Das Spiel geht weiter mit den Gegnern, die abwechselnd versuchen, ihre Bälle ebenfalls so nahe wie möglich an den Jack zu werfen. Das Spiel besteht aus vier Runden (Ends genannt), jede Seite darf sechs Bälle werfen. Am Ende jeder Runde misst der Schiedsrichter die Abstände der Bälle, die am nächsten zum Jack liegen. Danach werden die Punkte verteilt und zusammengezählt, um den Gewinner zu bestimmen. Einen Punkt erhält der Ball, der am nächsten am Jack liegt, näher als die Bälle der Konkurrenz. Wenn zwei gleichfarbige Bälle näher am Jack liegen als die des Gegners, bekommt diese Seite zwei Punkte. Wenn zwei oder mehrere Bälle verschiedener Farben genauso nahe am Jack liegen, bekommt jede Seite einen Punkt pro Ball. Wenn nach Ende aller Runden der Gewinner ermittelt wird und es einen Punkte-Gleichstand gibt, wird ein Tiebreak gespielt, eine Verlängerung, um den Sieger zu ermitteln.

Boccia-Spiel

... und Pétanque

Bereits im Altertum kannten die Griechen ein Spiel, bei dem sie runde Steine verwendeten. Die Römer kannten das gleiche Spiel, jedoch gebrauchten sie mit Eisen beschlagene Holzkugeln. Bei den Griechen warf man die Kugeln so weit wie möglich, bei den Römern so genau wie möglich. Das Spiel geriet jedoch bald in Vergessenheit. Erst im Frankreich des 14. Jahrhunderts wurde es wiederentdeckt. Es fand so viele Anhänger, dass es von den Herrschern bald verboten wurde!

Im 16. Jahrhundert wurde das Boulespiel immer beliebter, vor allem in Frankreich und in Italien, wobei sich allmählich Unterschiede herauszubilden begannen. Das Pétanque genannte Spiel ganz ohne Anlauf gibt es erst seit 1907. Die Bezeichnung kommt von dem französischen Ausdruck „ped tanco", zu Deutsch etwa „mit geschlossenen Füßen". Dabei werden die Kugeln ohne Anlauf aus einem Kreis herausgeworfen. Schon 1908 wurden in Frankreich die ersten Turniere veranstaltet.

Die Spielregeln

Bei Pétanque treten zwei Mannschaften mit jeweils drei Spielern gegeneinander an. Beim Triplettes hat jeder Spieler zwei Kugeln, beim Doublettes und beim Tete-a-Tete hat jeder Spieler drei Kugeln zur Verfügung.

Die Kugeln

Die Kugeln müssen aus Metall sein und dürfen einen Durchmesser zwischen 7,05 Zentimeter (Minimum) und acht Zentimeter (Maximum) haben. Sie wiegen zwischen 650 und 800 Gramm. Die Marke des Herstellers, die Gewichtsangabe sowie Name und Vorname des Spielers müssen immer lesbar auf den Kugeln eingraviert sein. Die Zielkugel muss aus Holz sein und darf einen Durchmesser von 25 bis 35 Millimeter haben, aber nicht gefärbt sein.

Das Spielfeld

Pétanque wird auf jedem Boden gespielt. Wird jedoch ein Spielfeld benutzt, muss es mindestens 15 Meter lang und vier Meter breit sein.

Das Spielziel

Gespielt wird so lange, bis eine Mannschaft 13 Punkte erreicht hat. Es erhält immer die Mannschaft einen Punkt, die am Ende des Durchgangs mit einer ihrer Kugeln den kürzesten Abstand zur Zielkugel hat. Die Mannschaft erhält so viele Punkte, wie sie insgesamt Kugeln näher bei der Zielkugel liegen hat, als die am nächsten liegende Kugel der gegnerischen Mannschaft.

Die Spieler ermitteln durch das Los, welche der beiden Mannschaften die Zielkugel wirft. Ein beliebiger Spieler der Mannschaft, welche die Auslosung gewonnen hat, wählt den Punkt des Abspielens und zeichnet auf den Boden einen Kreis mit mindestens 35 Zentimeter und höchstens 50 Zentimeter Durchmesser. Der Kreis muss aber in jedem Fall so groß sein, dass die Füße ganz hineinpassen. Die Füße müssen sich beim Abwurf im Innern des Wurfkreises befinden. Sie dürfen ihn weder verlassen noch gehoben werden, bis die geworfene Kugel den Boden berührt hat. Auch andere Körperteile dürfen den Boden außerhalb des Wurfkreises nicht berühren.

Wenn ein Spieler seine Kugel wirft, müssen die anderen äußerst ruhig sein. Sie dürfen weder umhergehen noch gestikulieren oder irgendetwas tun, was den Spieler stören könnte.

Pétanque-Spieler beim Messen des Abstands

Bodenturnen und

Das Bodenturnen besteht aus akrobatischen Sprungelementen

Der urgeschichtliche Ausgangspunkt für das Turnen war wohl der Tanz als Kultritual. Die ältesten Zeugnisse stammen aus Ägypten und Griechenland. In Abbildungen zeigt sich das turnerische Bewegen durch die Jahrhunderte und Jahrtausende auf Vasenmalereien, Kalksteinscherben und Höhlenzeichnungen in Form von Brücken, Handständen und Überschlägen. Aber auch Turnübungen an Geräten sind zu finden. Olympisch ist Bodenturnen seit Los Angeles 1932 (Männer) und Helsinki 1952 (Frauen).

Wozu Bodenturnen?

Im allgemeinen Turnen werden Beweglichkeit, Ausdauer, Kraft und Koordination gefördert. Beim Wettkampfturnen stehen die Gerätetechnik und Akrobatik im Vordergrund. Der harmonische Zusammenklang der Bewegungsabläufe (koordinative Fähigkeiten) sind nicht angeboren, sie müssen erlernt, gefestigt und weiterentwickelt werden.

Die Wettkämpfe

Beim Bodenturnen ist die Wettkampffläche 12 x 12 Meter groß und besteht aus einer leicht federnden Unterkonstruktion mit darauf liegenden so genannten Deckläufern. Während der Kür, das ist die End-Darbietung nach der Pflicht, muss die gesamte Fläche beturnt werden, und zwar vor allem mit akrobatischen Elementen, also Über-

schlägen sowie Salti vorwärts und rückwärts. Auch ein Gleichgewichtselement (wie eine Standwaage) muss enthalten sein. Die Übung als Kombination von akrobatischen Reihen, Verbindungsteilen und gymnastischen Elementen muss in einem harmonischen Wechsel von schnellen und langsamen Passagen geturnt werden. Eine Bodenkür darf zwischen 50 und 70 Sekunden dauern, bei Frauen mit Musikbegleitung. Zeitüberschreitungen haben Punktabzüge zur Folge. Noch in den 1970er Jahren galt ein Doppelsalto am Boden als Höhepunkt. 1987 läutete der Russe Valeri Ljukin mit dem ersten im Wettkampf gelungenen Dreifachsalto rückwärts eine neue Epoche ein. Heute werden Doppelsalti mit Drehungen sogar schon im Top-Nachwuchsbereich sehr gut beherrscht.

Helfen und Sichern

Damit beim Bodenturnen (und auch beim Geräteturnen) keine Unfälle passieren, werden die Turner beim Erlernen einer Übung vom Trainer oder anderen Turnern abgesichert.

FLICKFLACK

Der Flickflack ist eine Übung im Bodenturnen und entspricht einem rückwärts ausgeführten Handstandüberschlag. Ein Turner steht zunächst auf beiden Füßen (leicht im Knie gebeugt) und springt von dort rückwärts in einen Handstand. Der Flickflack wird oft auch mehrfach hintereinander ausgeführt, wobei sich der Turner über einige Meter rückwärts bewegt.

... rhythmische Sportgymnastik

Die rhythmische Sportgymnastik, abgekürzt RSG, hat sich aus der Wettkampf-Gymnastik mit Handgeräten und ohne Handgeräte entwickelt. Bei der rhythmischen Sportgymnastik wird mit Musikbegleitung geturnt. Sie ist vor allem durch tänzerische und akrobatische Elemente gekennzeichnet und erfordert von den Turnerinnen sehr viel Körperbeherrschung. 1948 fanden erste Wettkämpfe dieser Sportart in der Sowjetunion (heute das Gebiet von Russland und der GUS) statt. Seit 1963 werden alle zwei Jahre Weltmeisterschaften ausgetragen. Olympisch wurde diese Sportart 1984 in Los Angeles mit einem Einzel-Vierkampf mit den vier Geräten Reifen, Keulen, Bänder und Ball. 1996 in Atlanta kam ein Mannschaftswettkampf neu hinzu.

Bis vor kurzem war die rhythmische Sportgymnastik ein reiner Frauensport. In den letzten Jahren werden aber – vor allem in Japan – die ersten Wettkämpfe für Männer ausgetragen. Deutschlandweit wird die rhythmische Sportgymnastik durch den Deutschen Turnerbund (DTB) vertreten.

Die Regeln
Rhythmische Sportgymnastik wird auf einer 13 x 13 Meter großen Wettkampffläche mit Seilen, Reifen, Keulen, Bändern und Bällen im Einklang mit Musik ausgeführt.

Laut den Wettkampfregeln der Internationalen Gymnastik Föderation für internationale Wettkämpfe dauern die Übungen ein bis eineinhalb Minuten (Einzel) oder zwei bis zweieinhalb Minuten (Gruppenübungen). Sie müssen je vier Elemente des höheren und mittleren Schwierigkeitsgrades (Stufe A und B) enthalten. Im Finale kommen die Schwierigkeitsgrade C und D hinzu.

Die Übungen werden von sechs Kampfrichtern auf einer Skala von null bis zehn Punkten bewertet (ähnlich wie beim **Eiskunstlauf**), wobei die Grundnote einer Einzelübung bei 9,60 Punkten liegt. Bei hervorragenden Leistungen können die Sportlerinnen einen Bonus von 0,40 (für Seniorinnen) oder 0,20 (für Juniorinnen) erzielen. Die Bewertung gliedert sich in eine A- und B-Note.

Die A-Note beurteilt den technischen Wert, also die Körper- und Gerätetechnik und die Choreographie einer Übung, also die Abfolge und die Komposition der Bewegungen. Die B-Note bewertet den künstlerischen Ausdruck.

Darbietung mit Reifen

Bodybuilding

Am Ende des 19. Jahrhunderts kam ein Interesse am athletischen Körper und am Zeigen der Muskelkraft auf. Man sah dies als eine Art Rückkehr zum griechischen Ideal der Verherrlichung des menschlichen Körpers. 1940 veranstaltete die AAU (Amateur Athletic Union) in Amerika den ersten wirklichen Bodybuilding-Wettkampf unserer Zeit, der Gewinner erhielt den Titel „Mister America". Für professionelle Bodybuilder organisierte 1965 ein Mann namens Joe Weider erstmals den „Mister Olympia". Diese Veranstaltung wurde seitdem der angesehenste Wettbewerb der Szene. In den 1970er Jahren lösten Frauen wie Jane Fonda mit Trainingsvideos eine richtige Fitnesswelle aus. Bodybuilding auch für Frauen wurde erst in den USA und allmählich auch in Europa immer beliebter. Mittlerweile geht aber überall eher der Trend zur Fitness. 1980 wurde die erste „Miss Olympia" gekürt.

Das Ziel

Beim Bodybuilding steht die Modellierung des Körpers durch gezielte Muskelübungen im Mittelpunkt. Ziel ist der Aufbau der Muskeln bei geringem Körperfett und die genaue Ausprägung einzelner Muskeln. Bodybuilding steht für eine Bandbreite von körperlichen Aktivitäten. Angefangen beim Wiederaufbau-Training für Kranke, über Fitnesstraining bis hin zum Leistungssport bietet Bodybuilding jedem Sportler innerhalb seiner Leistungsfähigkeit und Wünsche die Möglichkeit Kraftausdauer, Muskelkoordination, Schnellkraft oder pures Krafttraining zu absolvieren.

Die Wettkämpfe

Im Leistungssport präsentieren die Sportler ihren Körper in verschiedenen Posen (Stellungen, die die Muskeln gut zeigen) einer Jury. Ähnlich wie bei anderen Sportarten gibt es ein Pflichtprogramm und eine Kür. Bei den Amateuren werden die Wettkämpfe in verschiedenen Klassen ausgetragen. Die Profi-Wettkämpfe, deren Bilder die meisten aus Zeitungen und Fernsehen kennen, werden aber nur von weniger als 100 Sportlern weltweit in einer Klasse ausgetragen.

Doping

Beim Bodybuilding ist das Verletzungsrisiko sehr gering, aber wegen der Dopingfälle gerät es immer wieder negativ in die Schlagzeilen. Durch die Verwendung verbotener Substanzen, so genannte Steroide oder Hormone, können bei Männern zum Beispiel schwerwiegende körperliche Beschwerden auftreten. Bei deutschen Amateur-Wettkämpfen werden strenge Dopingkontrollen nach Richtlinien des Deutschen Sportbundes (DSB), der International Federation of Bodybuilders (IFBB) und des Internationalen Olympischen Komitees (IOC) durchgeführt. Bei Profi-Wettkämpfen wird aber auf Dopingkontrollen für so genannte Anabolika und Hormone verzichtet. Nur auf besonders riskante Substanzen

Mann mit Hantel

wird dort getestet, aber auch dabei findet ein Wettlauf statt zwischen den Möglichkeiten, Stoffe nachzuweisen, und denen, sie zu verstecken, sodass die Einnahme von verbotenen Stoffen weiterhin angenommen werden muss.

Es gibt wohl auch kein Interesse an wirklichem Natural Bodybuilding (natürliches Bodybuilding ohne Hilfe von verbotenen Substanzen), weil die Athleten nur noch durch immer mehr Doping muskulöser werden und so einen Anreiz für die Zuseher bilden.

Ralph Moeller und Arnold Schwarzenegger

Bodybuilder mit Gewichten

Fitness

Rund um die ursprüngliche Bodybuilding-Szene hat sich im Laufe der 1980er und 1990er Jahre durch immer modernere Fitnessstudios mit vielen verschiedenen Sportangeboten (Aerobic-Kurse, Krafttraining) eine Breitensportbewegung entwickelt, immer mehr Menschen nehmen daran teil.

Berühmtester Bodybuilder

Arnold Alois Schwarzenegger (geboren am 30. Juli 1947 in Thal bei Graz) startete seine Karriere als Bodybuilder. 1967 wurde er mit 20 Jahren zum bis dahin jüngsten Mister Universum gekürt. Bis 1980 gewann er zahlreiche Titel, unter anderem den Ju-

nior Mr. Europe (1965), Mr. World, Mr. Universe (fünfmal) und Mr. Olympia (siebenmal). Er wird als eine der wichtigsten Personen in der Geschichte des Bodybuilding angesehen. 1968 wanderte Schwarzenegger in die USA aus.

Durch seine muskulöse Erscheinung kam er dort zum Film. Seine erste Rolle war die des Herkules im Film „Hercules in New York" (1970). Den Durchbruch schaffte Schwarzenegger aber erst zwölf Jahre später mit dem Film „Conan der Barbar" (1982). Seine bekannteste Rolle ist wohl der Terminator im gleichnamigen Film von 1984, von dem es zwei Fortsetzungen gibt. 2003 ging er in die Politik und wurde Gouverneur in Kalifornien.

Bogenschießen

Bogenschießen ist eine der ältesten Sportarten, die heute immer noch ausgeübt werden. Sie ist eng mit der Geschichte der Menschheit verbunden und ist auf der ganzen Welt verbreitet.

Wahrscheinlich gab es das Schießen mit Pfeil und Bogen schon in der Steinzeit (um 20.000 vor Christus). Bewiesen ist jedenfalls, dass die Ägypter vor 5000 Jahren das Bogenschießen bei der Jagd und im Krieg ausgeübt haben. In China gibt es Bogenschießen seit der Shang-Dynastie (1766-1027

chisch-römischen Zeit wurde der Bogen eher für persönliche Zwecke wie die Jagd und weniger bei der Kriegsführung benutzt. Später wurde er aber eine wichtige Kriegswaffe. Die Beliebtheit des Bogenschießens spiegelt sich wider in vielen Balladen und Sagen wie zum Beispiel in der Geschichte von Robin Hood. Der erste organisierte Wettbewerb soll 1583 in Finsbury in England stattgefunden

Zielscheibe

Bogenpfeile

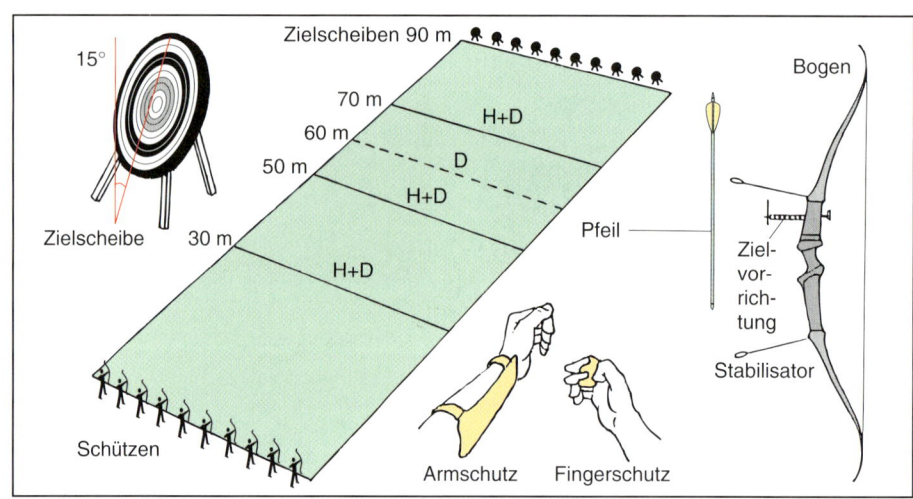

Bogenfeld

vor Christus). In der nächsten Dynastie gab es Sportschützen-Feste für Adelige mit Musik und Huldigungen. Als das Bogenschießen im 6. Jahrhundert in Japan bekannt wurde, hatte es einen starken Einfluss auf die spätere Etikette und Technik. Eine der japanischen Kampfsportarten hieß Kyujutsu (Kunst des Bogens) und ist heute als Kyudo (Weg des Bogens) bekannt. Im Kyudo wird mit dem traditionellen japanischen Bogen auf eine festgelegte Entfernung von 28 Meter geschossen. In der grie-

haben. Zur Zeit des Dreißigjährigen Krieges (1618–48) war durch die Erfindung der Feuerwaffen die Zeit des Bogenschießens als Kriegsgerät vorbei. Seitdem gibt es nur noch eine Weiterentwicklung in Richtung Sport.

Olympische Disziplin

Seit 1972 ist Bogenschießen olympische Disziplin wie schon einmal von 1900 bis 1920. Dabei wird auf festgelegte Distanzen mit ebenso festgelegten Bogentypen auf farbige Scheiben geschossen.

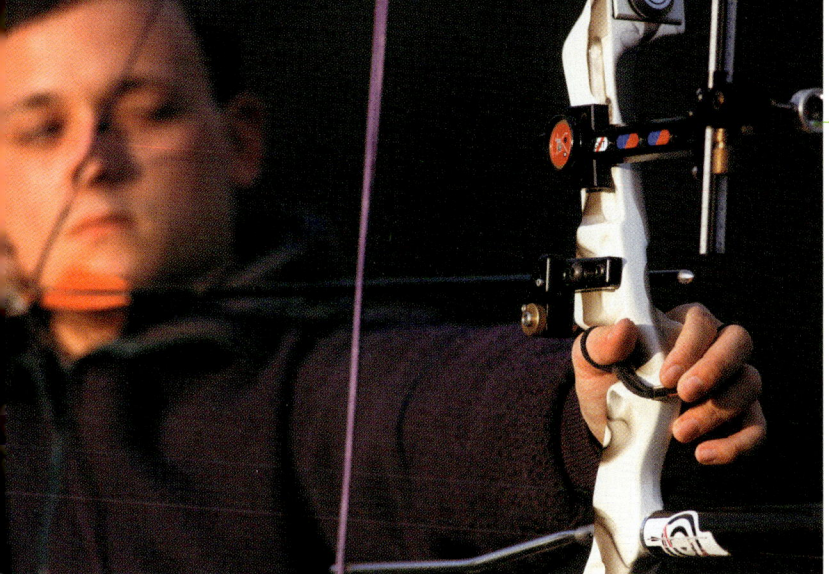

Zielvorrichtung eines Bogens

BOGENJAGD

Die Bogenjagd und das Bogenfischen sind in manchen Ländern Europas verboten oder eingeschränkt, was die Tiere angeht, die gejagt werden dürfen. In einigen Ländern kann man als Jagd-Tourist mit einer Lizenz mit dem Bogen auf die Jagd gehen. In Amerika ist die Bogenjagd verbreitet, aber auch umstritten. Dort jagt man sogar Grizzlybären mit dem Bogen.

Target (englisch = Ziel)

Bei dieser Version schießen die Schützen auf Zielscheiben mit Ringen. Man unterscheidet verschiedene Wettbewerbe: Die so genannte FITA-Runde findet meist an zwei Tagen statt. Mit jeweils 36 Pfeilen schießen die Männer auf Ziele im Abstand von 90, 70, 50 und 30 Meter. Die Abstände bei den Frauen betragen 70, 60, 50 und 30 Meter. Bei Meisterschaften und Olympischen

Bogenschützen am Start

Spielen werden zweimal 36 Pfeile auf 70 Meter Entfernung geschossen (kleine FITA-Runde). Daneben gibt es noch die 900er-Runde, bei der jeweils 30 Pfeile auf Ziele in 60, 50 und 40 Meter Entfernung geschossen werden. Die Zielscheiben sind von innen nach außen in den Farben Gold, Rot, Blau, Schwarz und Weiß gefärbt, die Ringzahl geht von zehn bis eins. Beim Feldbogen-Schießen werden im Gelände Zielscheiben entlang eines Rundkurses aufgestellt. Die Scheiben sind schwarz, nur der innere Ring ist gold gefärbt. Es gibt Ringzahlen von fünf bis eins. Im Unterschied zum FITA-Schießen ist die Entfernung zur Scheibe nicht immer bekannt. Ein Bogenschütze muss daher gut schätzen können.

Traditionelle Bogenschützen

So wird die Gruppe der Feld- und Jagdbogen-Schützen bezeichnet, die ohne Zielvorrichtungen und sonstige Hilfen (zum Beispiel Visier) mit einfachen Bögen schießt. Ausgehend vom Material und Design des Bogens wird diese Gruppe in drei Klassen auf-

geteilt: Holzklasse (einfache Bögen aus Holz), Langbogen (Holz mit synthetischen Materialien) und Recurve (nur synthetische Materialien). Ebenfalls zum Bereich des traditionellen Bogenschießens gehört das Bogenschießen vom Pferderücken (Horseback Archery), das nicht nur die traditionellen Reitervölker (Mongolen, Ungarn, Indianer) miteinander verband. Bei dieser Disziplin wird auf bekannte (Feld) und unbekannte (Jagd) Entfernungen sowohl auf Zielscheiben als auch auf so genannte „Tierauflagen" und dreidimensionale Tierattrappen (3D-Ziele, „Gummibären") geschossen. Training und Turnier finden auf einem Parcours statt. Beim so genannten „Roving" wird auf natürliche Ziele wie Grasbüschel oder Baumstümpfe geschossen.

Distanz-Schießen

Dabei unterscheidet man das Clout-Schießen auf eine etwa 165 Meter entfernt stehende Ziel-Fahne (englisch clout = Lappen) vom Flight-Schießen (englisch flight = Flug), was ein reines Weit-Schießen darstellt.

Bowling

Über die Entstehung des „Ten-Pin-Bowling" gibt es viele Gerüchte. Sicher ist, dass Bowling aus dem Kegeln hervorgegangen ist, und somit haben beide eine weitgehend parallel verlaufende Geschichte. Kegeln ist schon lange bekannt: In einem ägyptischen Kindergrab (von etwa 5200 vor Christus) fand man eine Art Kegelspiel aus neun kleinen Kegeln, drei Steinbällen und drei Marmorstücken. Ein anderer antiker Fund war ein polynesisches Spiel, das auch aus Kegeln und Steinbällen bestand. In Deutschland kegelte man bereits im 3. Jahrhundert nach Christus und auch in England und Frankreich war das Spiel unter dem Namen „Skittles" oder „Quilles" bekannt. Die Anzahl der Kegel, die man bei diesem Spiel früher benutzte, schwankte zwischen drei und 17, es wurde auf vielen verschiedenen Bahnen und nach unterschiedlichen Re-

Pins am Ende der Bowlingbahn

geln gespielt. An die Ostküste Amerikas kam dieser Sport durch Einwanderer aus England und den Niederlanden. Bekannt wurde dieses Spiel aber durch deutsche Einwanderer.

Es wurde häufig um Geld gespielt, auch dann noch, als das Kegeln wegen der damit verbundenen Wettbetrügereien verboten wurde. Aus diesem Verbot heraus soll nun das Bowlingspiel entstanden sein. Auf der Liste der verbotenen Glücksspiele stand nämlich das Kegeln genau beschrieben. Deshalb fügten

angeblich die Spieler einen Kegel hinzu, nannten sie Pins, änderten die Aufstellung und verbreiterten die damalige Kegelbahn von 33 Zentimeter auf 1,05 Meter. So entstand das neue Spiel, das Bowling. Die offizielle Geschichte des Bowling begann 1875 in Manhattan mit dem Zusammenschluss von 27 Clubs zur „National Bowling Association" und dem Aufstellen der ersten allgemein gültigen Regeln. Im Jahre 1895 wurde die heute noch größte Bowlingorganisation, der „American Bowling Congress" (ABC), gegründet.

Die wichtigste Neuerung im Bowling wurde 1946 mit der automatischen Pin-Aufstellmaschine eingeführt. Durch die amerikanischen Soldaten kam das Bowling auch nach Europa. Die ersten kommerziellen Bowlingzentren entstanden 1962. Heute hat wohl jede größere Stadt mindestens eine Bowlingbahn. Weltweit gibt es in mehr als 70 Ländern derzeit über 50 Millionen Freizeit-Bowler.

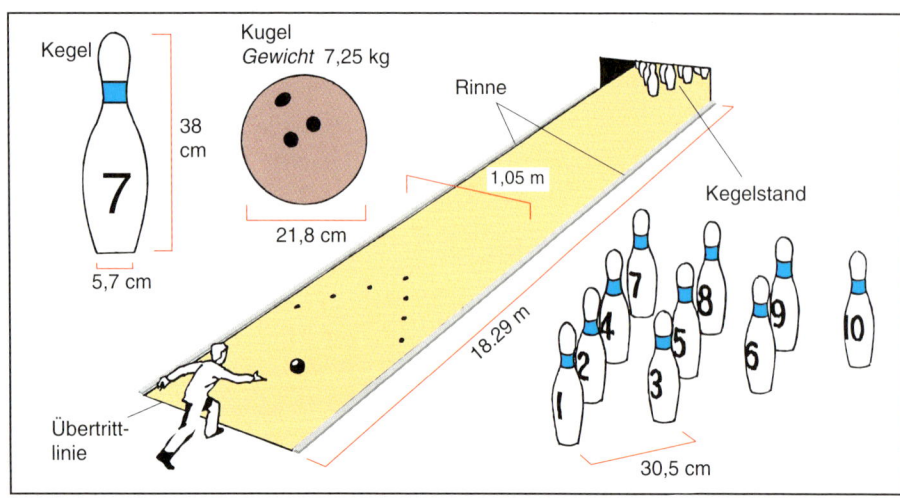

Kegel

38 cm

7

5,7 cm

Kugel
Gewicht 7,25 kg

21,8 cm

Rinne

1,05 m

Kegelstand

18.29 m

7   8   9
4   5   6   10
2   3
1

30,5 cm

Übertrittlinie

Bowlingbahn

Die Regeln

Dem Kegeln zwar verwandt, hat Bowling jedoch ganz andere Bedingungen und Regeln. Wer schon einmal bowlen war, dem sind sicher die vielen amerikanischen Begriffe aufgefallen. Gespielt wird über zehn Durchgänge, die Frames genannt werden. Ziel des Spieles ist, in jedem Frame möglichst alle zehn Pins am anderen Ende der Bahn umzuwerfen. Hierzu hat der Spieler zwei Würfe mit dem Bowlingball, der von Laien gern Bowlingkugel genannt wird. Der Ball wird über die Laufläche auf die zehn Pins zugerollt. Sollten nach dem ersten Wurf noch Pins übrig bleiben, hat der Spieler einen zweiten Wurf. Werden beim ersten Wurf alle Pins abgeräumt, spricht man von einem Strike. Fallen die letzten Pins erst mit dem zweiten Wurf, ist das ein Spare. Drei Strikes in Folge heißen Turkey. Für die Punkte werden pro Frame die umgeworfenen Pins gezählt. Bei einem Spare werden zusätzlich zu den zehn Punkten (für zehn Pins) auch die Punkte des nächsten Wurfs gezählt. Die höchste erreichbare Punktzahl ist hierfür also 20. Beim Strike werden sogar die nächsten zwei Würfe mitgezählt, so dass sich die Höchstpunktzahl je Frame auf 30 erhöht. Wird im letzten Frame ein Spare erzielt, darf noch ein dritter Ball geworfen werden, um das Ergebnis zu ermitteln. Wird ein Strike geworfen, folgen noch zwei Extrawürfe. Das höchste zu erreichende Ergebnis sind damit 300 Pins (perfektes Spiel), das heißt zwölf Strikes in Folge in einem Spiel. Was der Strike (alle Zehne) für das Ergebnis ist, ist das Timing für die Technik. Gutes Timing bedeutet hier einen optimalen Bewegungsablauf vom Anlauf bis zur Kugelabgabe. Wer es falsch macht, landet nicht selten auf dem Parkett.

Die Kugeln

Bowling spielt man mit Kugeln aus Hartgummi, Polyester, Urethan oder einer Mischung daraus. Mit 22 Zentimeter Durchmesser sind die Kugeln größer als beim Kegeln, das Gewicht liegt zwischen 3,6 und 7,3 Kilogramm. Zur besseren Handhabung sind sie mit Grifflöchern für Daumen, Ring- und Mittelfinger versehen. Diese ermöglichen dem geübten Spieler, der Kugel einen Drall zu geben, um die Effektivität beim Aufprall auf die Pins zu vergrößern.

Die Ausrüstung

Um Schäden des Parketts zu vermeiden, ist das Betreten des Bahnbereichs verboten. Den Anlauf für die Bahn darf man nur mit speziellen Bowlingschuhen betreten. Schuhe und Bälle werden von den Betreibern der Bowlingbahnen ausgeliehen. Man kann sich die Kugel passend zur Hand- und Fingergröße aussuchen.

Vater und Kind beim Bowling

Boxen

Der Kampf mit Fäusten ist wahrscheinlich so alt wie die Menschheit selbst. Die ersten Aufzeichnungen sind etwa 7000 Jahre alt. In der Geschichte Ägyptens gab es den Faustkampf wohl bereits vor 5000 Jahren. Doch der Kampfstil unterschied sich von dem heutigen. So durfte nach den Regeln der Ägypter nur der Kopf getroffen werden. Bei den Griechen wurde das Boxen bei den 23. antiken Olympischen Spielen als Disziplin aufgenommen. Während ihrer Karriere nahmen einige Boxer an über 1000 Kämpfen teil. Die Guten wurden von reichen Griechen unterstützt und erhielten auch Preisgelder. Bei den Römern kämpften die Gladiatoren mit Metalldornen-Handschuhen um Leben und Tod. Die modernen Regeln und Techniken entwickelten sich erst im 18. Jahrhundert in England.

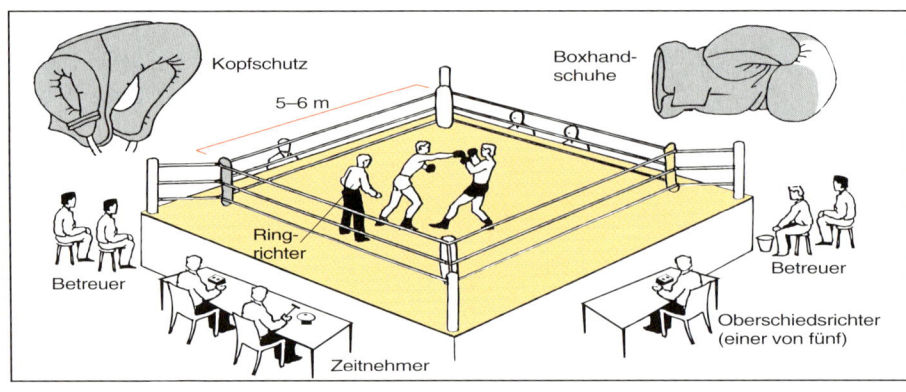

Boxring

Als wohl erster Champion von England wird der Engländer James Figg (1695-1734) bezeichnet, der 1719 den ersten britischen Meistertitel gewann und ihn bis 1734 mehrmals erfolgreich verteidigte. 1720 wurde die erste Boxschule in England gegründet. 1743 schrieb Jack Broughton die ersten Boxregeln auf. Er gab dem Kampf den Vorzug, der ausschließlich mit den Händen ausgetragen wurde. Während des Kampfes waren Schläge unter die Gürtellinie verboten. Der Kampf dauerte so lange, bis einer der Gegner zu Boden fiel.

Broughton gilt auch als Erfinder der Boxhandschuhe, die er aber nur zum Training verwendete. 1866 führte der Marquis von Queensberry die Boxhandschuhe in seinen „Regeln für das Boxen mit Handschuhen" ein, auch die Drei-Minuten-Runden, die Ruhezeit nach einem Niedergang und das Verbot von Wrestling (siehe auch Kapitel **Ringen**). Für die Sicherheit der Athleten wurden die Regeln immer mehr verbessert. 1904 in St. Louis traten die Boxer erstmals bei den Olympischen Spielen an. Durch die damals neuen Medien wie Radio und später Fernsehen wurde der Boxsport einem breiten Publikum bekannt. So saßen Millionen Menschen gespannt vor dem Radio und hörten, wie Max Schmeling gegen Joe Louis boxte. Für den berühmten Kampf, in dem Muhammad Ali Joe Frazier besiegte, standen 1975 Millionen Zuschauer sogar nachts auf und fieberten vor dem Fernseher mit. Seit Mitte der 1990er Jahre sind auch im Internet viele Informationen über das Boxen aus der ganzen Welt rund um die Uhr und an jedem Ort erhältlich.

Auch Frauenboxen wird immer beliebter

Die Regeln

Der Kampf wird in einem Boxring in Runden von drei Minuten (Profis) oder zwei Minuten (Amateure) Länge ausgetragen. Bei Amateur-Kämpfen finden normalerweise vier Runden statt. Es entscheidet die Anzahl der Treffer. Ein Treffer wird anerkannt, wenn mindestens drei der fünf Punktrichter ihn innerhalb einer Sekunde anerkennen. Dies geschieht durch Eingabe in einen Computer. Dieser wertet die Eingaben aus und zeigt die Treffer an. Dieses System soll die Urteile nachvollziehbarer machen und Manipulationen (einseitige Einflussnahmen) einschränken. Im Profi-Boxen kann die Zahl der Runden frei festgelegt werden, sie bewegt sich üblicherweise zwischen sechs und zwölf Runden. Drei Kampfrichter bewerten unabhängig voneinander nach jeder einzelnen Runde, welcher Boxer in der Runde stärker gekämpft hat. Dauert der Kampf

DIE GEWICHTSKLASSEN IM PROFI-BOXSPORT

Sie sind aufgeteilt vom Minifliegengewicht (ab 47 Kilo) über Bantamgewicht (ab 53 Kilo), Federgewicht (ab 57 Kilo), Leichtgewicht (ab 61 Kilo) über Halbwelter- und Weltergewicht (ab 63 + 66 Kilo), Leichtschwergewicht (ab 86 Kilo) bis zum Schwergewicht, wo es keine Gewichtsgrenze nach oben gibt.

über die volle Runden-Zahl, wird durch Zusammenzählen der Runden-Bewertungen der Sieger bestimmt. Bei vielen Boxkämpfen wird der Kampf vorzeitig beendet: Wenn einer der beiden Boxer nach einem Niederschlag nicht mehr in einem vorbestimmten Zeitraum aufstehen kann, ist der Kampf durch Knockout (K.o.) entschieden. Wenn der Kampf abgebrochen wird oder einer der Teilnehmer aufgibt, ist der Kampf durch technischen Knockout entschieden.

Die Verbände

Es gibt im Profi-Boxen mehrere Weltmeistertitel, denn es regieren vier bedeutende Weltverbände: die WBA (World Boxing Association), das WBC (World Boxing Council), die IBF (International Boxing Federation) und die WBO (World Boxing Organisation). Es bestehen zwar noch weitere Weltverbände, die aber im internationalen Geschäft bedeutungslos sind. In Europa gibt es die Europäische Box-Union (EBU) und in Deutschland gibt es einen nationalen Verband, den Bund Deutscher Berufsboxer (BDB).

Max Schmeling

Max Schmeling (1905-2005) war ein Schwergewichtsboxer. Er gilt bis heute als einer der bekanntesten Sportler Deutschlands. 1924 begann er seine Profi-Boxkarriere und kam so nach New York. 1930 kämpfte er gegen Jack Sharkey um den Weltmeistertitel im Schwergewicht. Nach einem regelwidrigen Tiefschlag seines Gegners konnte er nicht weiterkämpfen, wurde aber durch dessen Disqualifikation (Ausschluss) zum Weltmeister erklärt. Bis heute ist er der einzige Weltmeister, der so seinen Titel bekam. Schmelings berühmtester Kampf ging aber nicht um eine Weltmeisterschaft: Am 18. Juni 1936 kämpfte er in New York gegen den so genannten „braunen Bomber" Joe Louis, der als unschlagbar galt, aber damals noch nicht Weltmeister war. Schme-

Muhammad Ali gegen Joe Frazier

ling studierte Filme des Gegners, fand einen Schwachpunkt in seiner Deckung und überraschte die Zuschauer, indem er Louis schon früh treffen konnte und durch K.o. in der zwölften Runde besiegte. 1938 bekam er die zweite Chance, Weltmeister zu werden, da Louis einen Rückkampf gegen ihn wollte, den einzigen Mann, der ihn geschlagen hatte. Diesmal konnte Louis gleich zu Beginn Treffer landen und gewann durch K.o. in der ersten Runde. Insgesamt errang Schmeling 56 Siege in 70 Profikämpfen (37 davon durch K.o.), zehn Niederlagen und vier Unentschieden.

Muhammad Ali

Muhammad Ali (geboren 1942 als Cassius Marcellus Clay in Louisville, Kentucky) gilt als bester Boxer des 20. Jahrhunderts. Mit zwölf Jahren fing Cassius Clay an, zu trainieren. 1960 wurde er US-Meister im Halbschwergewicht und gewann bei den Olympischen Spielen in Rom die Goldmedaille. Er stellte bald fest, dass ein großmäuliges Auftreten vor der Presse besser ankam als sein bisheriges bescheidenes Auftreten, und von da an versorgte er die Presse mit Spottreimen über seine Gegner oder er machte beispielsweise auch Vorhersagen über die Runde seines K.o.-Sieges.

Dies trug mit zu seiner Legende bei. 1964 besiegte Cassius Clay Sonny Liston und holte sich zum ersten Mal den Weltmeistertitel

Die Gebrüder Klitschko feiern den Weltmeistertitel

im Schwergewicht. Kurz darauf trat er zum Islam über und nannte sich fortan Muhammad Ali. 1967 weigerte sich Ali, in die US-Army einzutreten, und wurde deshalb zu fünf Jahren Gefängnis verurteilt. Auch seine Titel wurden ihm aberkannt, außerdem verlor er seine Boxerlaubnis und seinen Pass. Gegen Kaution blieb er aber auf freiem Fuß. 1970 wurde das Boxverbot aufgehoben. Die erste Niederlage im Boxring musste Ali 1971 gegen Joe Frazier einstecken. 1974 holte er sich durch einen K.o.-Sieg gegen den bis dahin ungeschlagenen George Foreman den Titel zurück. 1978 wurde er allerdings – mit 36 Jahren – durch einen Punktsieg von Leon Spinks geschlagen. Am 2. Oktober 1980 stieg Muhammad Ali noch einmal gegen den Weltmeister Larry Holmes in den Ring und verlor, weil er aufgeben musste. Als Muhammad Ali 1981 zurücktrat, hatte er 56 Kämpfe gewonnen und fünf verloren.

Boxen in Deutschland heute

Der Boxsport hat durch die Wiedervereinigung von Ost- und Westdeutschland einen neuen Höhenflug erfahren:

Regina Halmich

Regina Halmich (geboren am 22. November 1976 in Karlsruhe) wurde dreimal deutsche Meisterin (1992, 1993 und 1994), 1994 auch Europameisterin. Seit 2003 trägt sie den Titel der WIBF Weltmeisterin im Junior-Fliegenge-

wicht und Fliegengewicht. Am 29. Mai 2004 wurde sie Weltmeisterin im Junior Bantamgewicht gegen Daisy Lang. Am 11. September 2004 erkämpfte sie in Karlsruhe ein umstrittenes Unentschieden gegen Elena Reid und bleibt damit weiterhin Weltmeisterin im Fliegengewicht.

Vitali Klitschko

Vitali Wladimirowitsch Klitschko (geboren am 19. Juli 1971 in Belowodsk, Kirgisistan) ist der Bruder von Wladimir Klitschko und war Weltmeister des Profiverbandes WBO. Den Titel gewann er in einem Kampf gegen Herbie Hide 1999 und verlor ihn 2000 wieder gegen Chris Byrd. 2003 verlor Vitali einen WM-Kampf gegen Lennox

Lewis durch technischen K.o. Der Kampf war vom Ringarzt wegen einiger blutender Cuts (Schnitte) im Gesicht Klitschkos abgebrochen worden. 2004 wurde er in Los Angeles wieder Weltmeister im Schwergewicht nach Version des World Boxing Councils (WBC). Gegen Corrie Sanders gewann er durch technischen K.o. in der achten Runde. Das war sein 34. Sieg im 36. Profikampf.

Wladimir Klitschko

Wladimir Wladimirowitsch Klitschko (geboren am 25. März 1976 in Semipalatinsk, Kasachstan) verlor am 11. April 2004 einen entscheidenden Kampf durch technischen K.o. am Ende der fünften Runde gegen den US-Amerikaner Lamon Brewster.

Regina Halmich im Ring

Bungeejumping

Das Bungeejumping (auch oft bungy jumping) ist eine moderne Sportart, die in den 1980er Jahren bekannt wurde. Doch eigentlich gibt es das Springen aus großer Höhe mit einem Seil um die Füße schon viel länger: Auf Vanuatu, einer kleinen Insel im Südpazifik, ist es Sitte, dass die jungen Männer als Reifeprüfung von einer hohen Bambusplattform in die Tiefe springen. Dabei werden sie gehalten von einer Liane (das ist eine Schlingpflanze, die an Bäumen wächst), die um ihre Knöchel geschlungen wird. Sie stoppt den Fall kurz vor dem Boden und verhindert so den Aufprall. Ein Engländer hat das gesehen und einen Dokumentarfilm darüber gedreht, den wiederum einige Studenten sahen und so begeistert waren, dass sie auch springen wollten. Sie entwickelten dafür spezielle Gummibänder. Am 1. April 1979 sprangen vier Studenten von einer 75 Meter hohen Brücke im englischen Bristol – der erste moderne Bungee-Sprung! Die Springer wurden sogar zeitweise festgenommen, weil die Sprünge nicht erlaubt waren. Der Neuseeländer A. J. Hackett testete mit dem legendären Sprung von der Greenhithe Bridge 1986 erfolgreich das elastische Gummiseil, das extra für den Sprung in die Tiefe hergestellt wurde. Im Mai 1987 folgte dann der berühmte Sprung vom Eiffelturm in Paris.

Der Sprung

Heutzutage springt man von hohen Gebäuden, zum Beispiel Fernsehtürmen, Brücken, oder von speziellen Kränen und wird von einem Gummiseil gehalten, das am Körper des Springers befestigt wird. Durch das Seil wird der Springer abgefedert und pendelt dann aus. Die meisten Bungeejumper sind auf der Suche nach einem besonderen Erlebnis, das für sie darin besteht, ihre Angst zu überwinden. Wenn sie dann im freien Fall nach unten rasen, werden besondere Hormone ausgeschüttet und es entsteht ein Glücksgefühl. Die Länge des Gummibandes wird dem Körpergewicht des Springers angepasst. Bei Sprüngen oberhalb von Wasser kann man auch ins Wasser eintauchen. Wie bei allen Sportarten gibt es eine Verletzungsgefahr, deshalb sollte man immer nur bei bekannten und geprüften Veranstaltern springen.

Die Geschwindigkeit

Bei einem 192 Meter hohen Sprung wie zum Beispiel von der Europabrücke in Tirol dauert die Fallzeit zirka fünf Sekunden, wobei eine Höchstgeschwindigkeit von 120 Stundenkilometer erreicht wird. Das Bungeeseil ist dann ungefähr 40 Meter lang. Als Faustregel gilt: Die Länge des freien Falls beträgt etwa ein Drit-

Bungeejumper beim Absprung

Bungee-Springer

tel der Sprunghöhe. Dies ändert sich aber durch das unterschiedliche Körpergewicht der Springer oder Variationsmöglichkeiten wie Wassereintauchen.

Verschiedene Spielarten

Durch die steigende Beliebtheit des Bungeejumping in den letzten Jahren haben sich immer mehr Variationen entwickelt. So kann man zum Beispiel zu zweit einen Tandemsprung machen. Selbst der Bungee-Sprung aus einem Helikopter ist möglich. Es ist wichtig, wo das Bungee-Seil am Körper befestigt ist. Mit dem Fußgeschirr springt man klassisch wie bei einem Kopfsprung vom Sprungbrett ab. Ist der Gurt jedoch an der Hüfte befestigt, hat man die Möglichkeit, in der Luft akrobatische Figuren zu machen, zum Beispiel einen Salto. Bei Sprüngen von einer Brücke bietet sich die Möglichkeit, ins Wasser einzutauchen. Auf Jahrmärkten sieht man oft das Bungee-Trampolin: Die Springer sind mit einem Geschirr an Gummiseilen aufgehängt. Ähnlich wie beim normalen Trampolin versuchen sie nun so hoch wie möglich (maximal neun Meter) zu springen.

Sicherheit

Das Thema Verletzungsgefahr beim Bungee-Springen wird sehr gegensätzlich behandelt. Viele Veranstalter sind der Überzeugung, dass ein Bungee-Seil praktisch gar nicht reißen kann. Tatsächlich hat es aber schon Unfälle gegeben, bei denen Springer „abgestürzt" sind. Auch über die Körperbelastung beim Sprung gibt es unterschiedliche Meinungen. Sicherlich ist die körperliche Fitness für einen gefahrlosen Sprung vorteilhaft. Senioren über 65 müssen deshalb oft ein ärztliches Attest über die Körperverfassung vor dem Sprung bei dem Veranstalter vorlegen. Jugendliche unter 18 Jahren benötigen eine Einverständniserklärung ihrer Eltern.

Voraussetzungen

Vorraussetzung für einen Sprung sind Gesundheit, gute körperliche Verfassung, älter als 14 Jahre und ein Körpergewicht zwischen 50 Kilogramm und 170 Kilogramm (beim Tandemsprung).

Curling

Curling ähnelt dem Eisstockschießen. Der Name kommt vom Englischen „to curl", und bedeutet drehen. Durch die Eigenrotation des Curlingsteines, die bei der Abgabe ausgelöst wird, erzeugt der Spieler einen Drift oder auch Drall. Dadurch läuft der Stein nicht exakt geradlinig, sondern kurvenähnlich. Schon im 17. Jahrhundert wurde in Schottland Curling gespielt. 1838 entstand in Edinburgh der erste Curlingverein, der Grand Caledonian Curling Club. Als ältester Curlingstein gilt der Stirling Stone, welcher die Jahreszahl 1511 eingraviert hat. Man kann also davon ausgehen, dass der Curlingsport vor zirka 500 Jahren entstanden ist. Der Besen diente damals noch dem Wegwischen des Schnees. Später verfeinerten die Schotten dieses Spiel, indem sie die Größe des Eisfeldes und die Form der Steine regelten. Curling breitete sich nach Kanada aus, wo schließlich der grundlegende Beitrag zum zeitgenössischen Curling geleistet wurde, etwa durch den Bau von Curlinghallen und die Veranstaltung großer Meisterschaften. Internationale Wettbewerbe finden bei Weltmeisterschaften (seit 1967) und Europameisterschaften (seit 1975) statt. Außerdem ist Curling seit den Olympischen Winterspielen 1998 in Nagano olympischer Wettbewerb, nachdem bereits 1924 ein

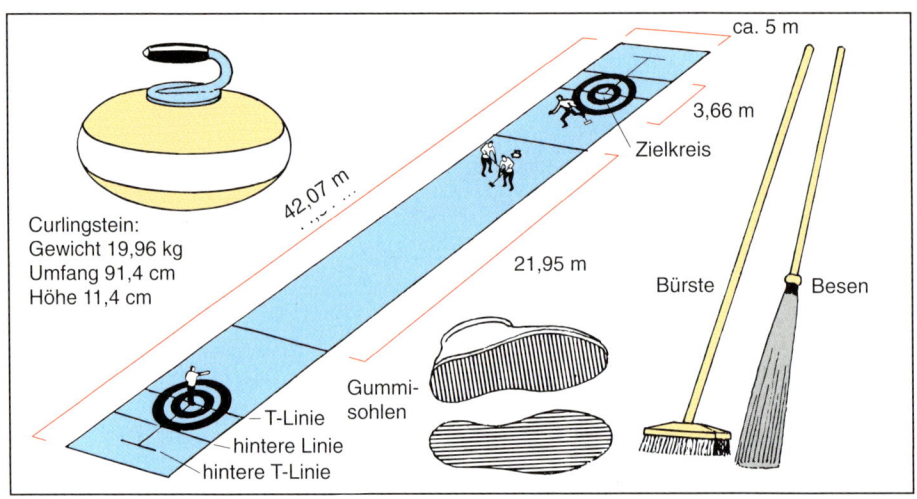

Curlingstein:
Gewicht 19,96 kg
Umfang 91,4 cm
Höhe 11,4 cm

ca. 5 m

3,66 m

Zielkreis

42,07 m

21,95 m

Bürste   Besen

Gummisohlen

T-Linie
hintere Linie
hintere T-Linie

Curling

Demonstrationswettbewerb in dieser Disziplin stattgefunden hatte.

Die Regeln

Das Spielfeld besteht aus einer rechteckigen Eisbahn von zirka 42 Meter Länge und 4,75 Meter Breite. An jedem Ende des Spielfelds ist ein so genanntes Haus auf das Eis gemalt. Das Haus besteht aus drei Ringen mit verschiedenem Durchmesser. Ziel des Spiels ist, möglichst viele eigene Steine näher beim Zentrum des Hauses zu platzieren als der Gegner. Es spielen zwei Teams gegeneinander, die aus je vier Spielern bestehen. Jedes Team hat acht Steine zur Verfügung. Die Steine werden von den Teams abwechselnd gespielt. Die Namen der Spieler entsprechen der Reihenfolge, in der sie ihre Steine spielen. Die ersten beiden Steine eines Teams werden vom Lead (dem Ersten) gespielt, gefolgt vom Second (dem Zweiten), Third (dem Dritten) und dem Skip (dem Vierten). Der Skip bleibt im Haus und zeigt mit

dem Besen die Richtung des Steins und mit der Hand die Drehbewegung, die der Stein erhalten soll. Kommt der Skip an die Reihe, seine zwei Steine zu spielen, wird er in der Regel vom Third im Haus abgelöst. Der Skip bestimmt auch die Taktik während des Spiels, die einen sehr großen Einfluss auf den Ausgang des Spiels haben kann. Curling wird aus diesem Grund manchmal auch als Schach auf dem Eis bezeichnet. Einen Spielabschnitt, das so genannte End, gewinnt das Team, dessen Stein näher beim Zentrum liegt. Einen Punkt gibt es für jeden Stein, der näher beim Zentrum liegt als der am besten platzierte gegnerische Stein. Ein Spiel dauert in der Regel zehn Ends. Das Team, das nach zehn Ends die meisten Punkte hat, gewinnt das Spiel. Steht das Spiel nach zehn Ends unentschieden, wird ein Zusatz-End gespielt.

Die Steine

Sie haben eine runde Form, bestehen aus Granit und wiegen etwa 19,96 Kilogramm bei einem

VARIANTE

Eine dem Curling verwandte Sportart ist das vor allem in Bayern und Österreich verbreitete Eisstockschießen.

Durchmesser von 28 Zentimeter. Sie sind unten konkav und geschliffen. Durch die konkave Form ist die eigentliche Lauffläche nur ein Ring mit zirka sechs bis zwölf Zentimeter Breite. Der Stein wird bei der Abgabe in eine langsame Drehbewegung versetzt, den so genannten Curl, wodurch er nicht gerade läuft, sondern eine Kurve beschreibt. Dadurch ist es möglich, einen gegnerischen Stein zu umspielen. Der Radius der Kurve kann durch

Wischen mit einem Curlingbesen beeinflusst werden. Wird vor einem Stein gewischt, während er in Bewegung ist, vergrößert sich der Kurvenradius, der Stein läuft gerader. Das Wischen beeinflusst auch die Laufzeit eines Steins. Ein gewischter Stein verliert weniger schnell an Tempo und legt dadurch eine größere Strecke zurück.

Der Besen und das Wischen

Ursprünglich diente der Besen dazu, das Eis frei von Schnee, Ästen oder Laub zu halten, da Curling im Freien gespielt wurde.

Heute dient das Wischen dazu, die Geschwindigkeit und die Richtung des Steines zu beeinflussen. Durch das Reiben mit dem Besen erwärmt sich das Eis und taut kurzfristig an. Auf dem dadurch entstehenden Wasserfilm rutscht der Stein schneller und weiter. Bei den Besen wird zwischen dem kanadischen (Strohbesen) und dem schottischen (ähnlich einer Bürste mit Stiel) unterschieden. Der moderne Besen ist eine optimierte Form des schottischen Besens, mit Stoff überzogen und mit einem Gelenk ausgestattet. Die Wahl des Besens ist frei, in unserer Region wird meist die schottische Art eingesetzt.

Curlingspielerin bei der Abgabe des Steins

Diskuswerfen

Diskuswerfen

Schon in der Antike (um 800 vor Christus) wurde der Diskus als kreisrunde, linsenförmige Scheibe aus Stein oder Metall beschrieben. Größe und Gewicht waren für Männer und Jungen verschieden. Meistens wurde er mit Schriften oder religiösen Zeichen verziert. Teilweise war er wohl als religiöse Opfergabe gedacht. Der Wettbewerb im Diskuswerfen wurde offiziell erstmals zu den Olympischen Spielen um 708 vor Christus ausgetragen. Damals musste der Athlet noch von einem 60 x 70 Zentimeter großen Podest werfen. Der Diskuswerfer war damals der Inbegriff des Athleten und hoch angesehen. So war der Diskuswurf zum Beispiel ein Bestandteil des antiken Fünfkampfes. Das Diskuswerfen wurde auch 1896 bei den ersten neuzeitlichen Olympischen Spielen in das Programm aufgenommen. Geworfen wurde zunächst wie-

der von einem Sockel, dann bis 1912 ebenerdig mit dem linken oder rechten Arm. Bei der heute gebräuchlichen Form wird aus einem Ring mit einem Durchmesser von 2,50 Meter mit eineinhalb Umdrehungen geworfen. Mit der Gründung des Internationalen Leichtathletik Verbandes (IAAF) 1912 wurden erstmals feste und verbindliche Regeln für den Diskuswurf festgelegt.

Die Regeln

Die Diskusscheibe wiegt heute für Männer zwei Kilogramm und für Frauen ein Kilogramm. Sie wird aus Holz mit einem Metallring oder Metallkern gefertigt. Die Technik beim Diskuswerfen ist durch die Tatsache, dass die Drehung exakt ausgeführt werden muss, ziemlich schwierig zu

Lars Riedel im Wurfkreis

erlernen und zu perfektionieren. So erreichen die meisten professionellen Diskuswerfer ihre Bestweiten meist erst ab einem Alter von etwa 30 Jahren. In einem regulären Wettkampf werden sechs Runden geworfen. Ziel ist, den Diskus möglichst weit in ein abgestecktes Gebiet zu schleudern. Nur die beste der gültigen Weiten wird für den jeweiligen Werfer gezählt. Nach den ersten drei Runden qualifizieren sich

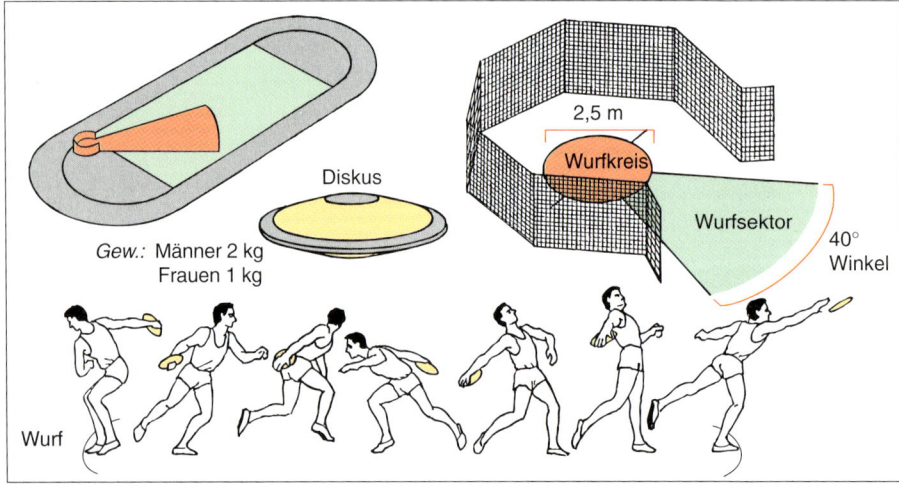
Diskuswerfen

44

die acht Athleten mit den höchsten Weiten für das Finale, in welchem dann wieder drei Würfe ausgeübt werden. Dabei darf der Wurf natürlich nicht ungültig sein. Dies ist zum Beispiel der Fall, wenn beim Beginn des Versuches aus dem Kreis nach vorn übertreten wird oder der Diskus außerhalb des abgesteckten Gebietes landet.

Physik des Diskuswurfs

Die Bahnkurve, die der Diskus bei einem Wurf zurücklegt, unterliegt den Gesetzen der Physik. Dabei sind drei Effekte zu berücksichtigen: der Kreiseleffekt, der die Rotation des Diskus beim Wurf beschreibt, die so genannte Wurfparabel, welche besagt, dass der Diskus eine leicht asymmetrische Wurfbahn beschreibt, und die Aerodynamik des Wurfs, die man sich so ähnlich wie bei einem Flugzeug vorstellen kann: Der Diskus verursacht durch seine Form eine gewisse Auftriebskraft, die ihn in der Luft hält.

Die Technik

Ein wesentlicher Teil der Technik beim Diskuswerfen besteht aus der Drehung um die eigene Achse. Um den Diskus unter den eben genannten Bedingungen möglichst kräftig zu beschleunigen, müssen viele Aspekte beachtet werden. Der Diskus liegt auf den Fingerspitzen, der Schwerpunkt befindet sich zwischen Zeige- und Mittelfinger. Durch eine leichte Beugung im Handgelenk berührt der obere

Diskusfeld

Diskusrand den Unterarm. In der Ausgangsstellung zeigt der Rücken des Sportlers in Wurfrichtung. Er steht am hinteren Kreisrand. Die Beine stehen etwa in Schulterbreite auseinander. In einer lockeren, leicht sitzenden Haltung ruht das Körpergewicht auf beiden Beinen. Der Arm mit dem Diskus hängt locker pendelnd seitlich am Körper herab. Daraus entsteht die Anschwungbewegung, die den Diskus auf einen möglichst langen Weg bringen soll. Wichtig ist auch die anschließende Drehung, die den Diskus beschleunigt. Der Werfer muss nach der Umdrehung in eine gute Gleichgewichtslage kommen, damit er seine Kraft voll auf den Diskus übertragen kann. Die Abwurfbewegung ist dann sehr wichtig: Mit Unterstützung des ganzen Körpergewichts wird der Diskus dann in

Schulterhöhe abgeworfen. Der dadurch entstehende Körperschwung ist so heftig, dass man von einem Bein auf das andere umspringen muss, um nicht hinzufallen.

DER BEKANNTESTE DEUTSCHE DISKUSWERFER

Lars Riedel (geboren am 28. Juni 1967 in Zwickau) zählte besonders in den 1990er Jahren zu den Größen der deutschen Leichtathletik. Neben einem Olympiasieg in Atlanta 1996 konnte Riedel fünf Weltmeistertitel im Diskuswerfen gewinnen. Bei der Olympiade in Sydney 2000 musste er sich mit dem zweiten Platz zufrieden geben. Bei der Olympiade 2004 in Athen schied er in der Vorrunde wegen einer Verletzung aus.

Die ersten Vorläufer des Hockey-sports kann man schon rund 2000 Jahre vor Christus finden. Aber das heute bekannte Eishockey gibt es noch nicht so lange, denn zuerst mussten die Schlittschuhe erfunden werden. Sie wurden im Mittelalter von den Skandinaviern als Erste benutzt, allerdings hatten sie noch keine Metallkufen. Diese wurden 1572 entwickelt und seitdem immer weiter verbessert. 1742 kam es zur Gründung des ersten Eislaufvereins in Schottland. Wahrscheinlich kam es in der Mitte des 19. Jahrhunderts zu den ersten Eishockeyspielen, die von britischen Soldaten in Kanada ausgetragen wurden. Seitdem gilt Kanada als Mutterland des Eishockeys und es entwickelte sich schnell zu einer der beliebtesten Sportarten. Zehn Jahre nach den ersten Spielen wurde der Ball durch den Puck, eine Scheibe, ersetzt. Der erste Eishockeyklub der Welt wurde ebenfalls in Kanada gegründet, der McGill University Hockey Club in Montreal. 1917 entstand die erste nationale Liga, die National Hockey League. 1911 wurde die erste Europameisterschaft ausgetragen und von England gewonnen. Erster Weltmeister und gleichzeitiger Olympiasieger war Kanada 1920 in Antwerpen.

Das Spielfeld

Das Spielfeld ist ein abgerundetes Rechteck von 60 Meter Länge und 30 Meter Breite, das rundherum von einer Bande begrenzt wird. Es ist durch 30 Zentimeter

Torwart

breite Linien in drei gleich große Zonen geteilt: die Angriffs-, die neutrale und die Verteidigungszone. Die neutrale Zone wird durch die Mittellinie halbiert. In der Mitte dieser Linie befindet sich der Anspielpunkt. Im Gegensatz zu vielen anderen Feldsportarten reicht das Spielfeld um die Tore herum.

Die Regeln

Ein Eishockeyspiel dauert eigentlich 60 Minuten (drei Drittel mit je 20 Minuten Spielzeit). Da bei jeder Unterbrechung des Spiels die Uhr angehalten wird, dauert ein Eishockeyspiel jedoch insgesamt meist erheblich länger. Zwischen den Dritteln finden 15-minütige Pausen statt. Eine Mannschaft besteht aus 22 Spielern, das heißt 20 Feldspielern und zwei Torhütern. Während eines Spiels dürfen maximal sechs Spieler gleichzeitig auf dem Eis sein. Das Team muss einen Kapitän und zwei Assistenten bestimmen. Zur Erkennung tragen sie ein C (Captain) und ein A (Assist) auf der Brust. Auswechslungen sind ständig möglich, ohne dass das Spiel unterbrochen wird. In der Regel wechseln die Teams alle 45 bis 120 Sekunden komplett aus.

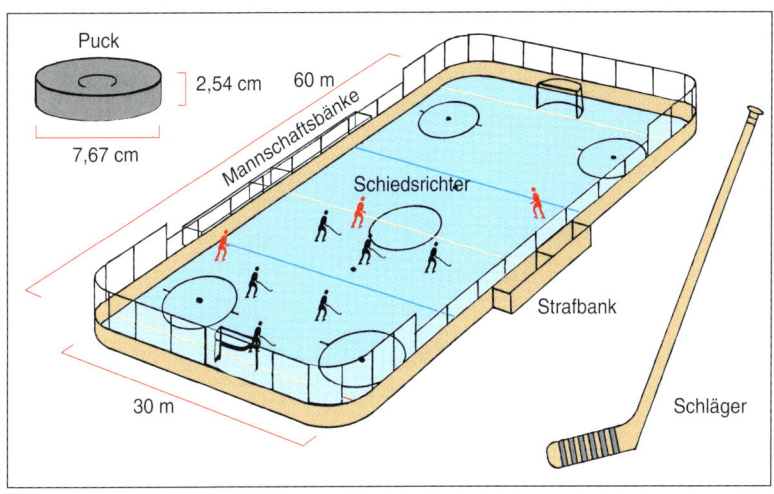

Eishockeyfeld

VERBREITUNG

Eishockey wird hauptsächlich in nördlich gelegenen Ländern gespielt, da dort ganzjährig in ausreichender Zahl Eisflächen zur Verfügung stehen. Berühmt sind vor allem die Mannschaften vom Rekordweltmeister Russland, von Kanada und den USA, von Tschechien und der Slowakei sowie Schweden und Finnland. Einen sehr hohen Stellenwert hat Eishockey in der Schweiz. Es gehört dort zu den beliebtesten Sportarten und hat sogar mehr Zuschauer als Fußball.

Das Spielziel

Eröffnet wird das Spiel mit einem Bully. Das bedeutet, dass der Hauptschiedsrichter den Puck zwischen zwei Spieler wirft, die dann um seinen Besitz kämpfen. Das Spiel ist dabei sehr körperbetont: Mit so genannten Bodychecks ist es möglich, den Gegner seitlich abzudrängen, um den Puck zu erlangen. Ziel ist, den Puck in das gegnerische Tor zu befördern. Normalerweise werden Stürmer und Verteidiger im Verbund ausgewechselt – man spricht in diesem Fall vom Wechseln eines Blocks, einer Reihe oder einer Linie. Die wichtigsten Personen, die für die Wahrung der Spielregeln sorgen, sind die Schiedsrichter. Man unterscheidet zwischen Hauptschiedsrichter und Linienrichtern. Hinter jedem Tor gibt es einen Torrichter, der zweifelhafte Torschüsse beurteilt. Kommt es während des Spiels zu einem Foul, also zu einem Verstoß gegen die Spielregeln, werden diese mit einer Strafe von mindestens zwei Minuten ge-ahndet – wird bei dem Foul ein Spieler verletzt, gibt es oft auch fünf oder mehr Strafminuten. Schwerwiegende Vergehen können sogar eine Matchstrafe nach sich ziehen, dann wird der Spieler für das gesamte Spiel gesperrt. Wird durch ein Foul ein Spieler an einer viel versprechenden Torchance gehindert, so spricht der Schiedsrichter der benachteiligten Mannschaft einen Strafstoß, den so genannten Penalty, zu. Dieser Penalty wird so ausgeführt, dass der gefoulte Spieler allein und ohne Störung durch einen Verteidiger auf den Torwart zulaufen und schießen darf. Endet ein Spiel nach der regulären Spielzeit unentschieden, wird der Sieger durch Penaltyschießen ermittelt.

Die beiden Mannschaften beim Anstoß

Eiskunstlauf

Forscher haben bewiesen, dass Menschen schon in ihrer frühen Geschichte auf einfachen Kufen aus Knochen auf dem Eis gelaufen sind. Eine englische Chronik aus dem 12. Jahrhundert berichtet von Menschen, die sich mithilfe von Schienen aus Knochen über das Eis bewegen. Es ist nachgewiesen worden, dass 1662 in London Metallkufen verwendet wurden. Danach fand das Eislaufen auch in Nordamerika und Europa Verbreitung. 1763 fand in London schon ein Schaulaufen statt. Die Einführung von gebogenen Stahlkufen in der Mitte des 19. Jahrhunderts trug wesentlich zur Entwicklung des Eiskunstlaufens bei. Erste Wettbewerbe wurden ausgetragen und Eiskunst-

laufclubs wurden ins Leben gerufen. Der technische Fortschritt im Eiskunstlauf wurde geprägt durch Einführung und kontinuierliche Weiterentwicklung von Sprungtechniken. Stationen auf diesem Weg waren der erste einfache Axel durch den Norweger Axel Paulsen 1882 in Wien, der einfache Salchow durch den Schweden Ulrich Salchow 1900 in Stockholm, der einfache Lutz durch den Österreicher Alois Lutz 1909 in Wien und der einfache Rittberger durch den Deutschen Werner Rittberger 1910 in Berlin. Die ersten Weltmeisterschaften im Eiskunstlaufen fanden für Männer 1896, für Frauen 1906 und für Paare 1908 statt. Die ersten olympischen Eiskunstlauf-Wettbewer-

Paarlauf

be fanden bei den Sommerspielen 1908 in London statt, seit 1924 sind sie Bestandteil der Olympischen Winterspiele.

Die Regeln

Eiskunstlauf besteht aus dem Laufen und Springen bestimmter Figuren, wie etwa Pirouetten und deren Kombinationen. Nachdem die Pflicht abgeschafft wurde, werden die Sportler mit Noten bis zu 6,0 in Kurzkür und Kür von neun Preisrichtern bewertet. Die Kurzkür oder das Originalprogramm dauert maximal 2:40 Minuten und muss acht vorgeschriebene Figuren enthalten. Die Noten für die Kurzkür werden mit 0,5, die der Kür (etwa fünf Minuten) mit 1,0 multipliziert. Die Jury vergibt eine A-Note für den sportlichen Inhalt und eine B-Note für den künstlerischen Wert. Entscheidend sind

Sprünge im Eiskunstlauf

Katarina Witt beim Schaulaufen

dabei aber die Plätze, auf die die Läufer durch die neun Juroren (Richter) gesetzt werden. Daraus ergibt sich der Rang. Gewonnen hat, wer mindestens fünfmal auf Platz eins gesetzt wurde. Bei Gleichstand entscheidet die Kür.

Die Wettkampf-disziplinen

Die verschiedenen Wettkämpfe bestehen jeweils aus dem Originalprogramm (Kurzkür) und der Kür. Dabei werden Einzelwettbewerbe für Männer und Frauen durchgeführt, außerdem gibt es den Paarlauf, bei dem ein Mann und eine Frau gemeinsam antreten und neben den üblichen

Sprüngen auch Hebefiguren sogar über Kopfhöhe durchführen.

Die bekanntesten Sprünge

Der Salchow ist heute Bestandteil jeder Kür. Je nach Fähigkeit des Läufers oder der Läuferin wird er einfach, zweifach, dreifach oder vierfach gesprungen.

Salchow: Beim Salchow springt der Läufer mit dem linken Bein ab und landet mit dem rechten Bein.

Axel: Beim Axel springt der Eisläufer in die Luft und dreht sich dort anderthalb Mal

um sich selbst, bevor er wieder landet.

Lasso: Der Partner hebt seine Partnerin während des Laufs über den Kopf und dreht sich dabei um sich selbst.

Lutz: Beim Lutz springt der Eisläufer rückwärts ab, dreht sich gegen die Anlaufrichtung und landet wieder rückwärts.

Rittberger: Der Eisläufer springt rückwärts ab, dreht sich und landet mit dem Bein, mit dem er abgesprungen ist.

VARIATIONEN

Neben dem Eiskustlauf gibt es noch den Eistanz. Beim Eistanz werden klassische (zum Beispiel Walzer) und lateinamerikanische Tänze (beispielsweise Samba) auf dem Eis gezeigt. Im Unterschied zum Eiskunstlauf sind keine Sprünge vorgesehen und Hebefiguren sind nur bis Hüfthöhe erlaubt.

Eisschnelllauf

Schlittschuhlaufen wurde bereits im 17. Jahrhundert in Europa betrieben, in Holland ab etwa 1680. Nachgewiesen ist, dass 1770 Rennen über lange Strecken auch in England gelaufen wurden. Über Holland breitete sich das Eisschnelllaufen nach Skandinavien aus und wurde von norwegischen Auswanderern in den USA bekannt gemacht. Weltmeisterschaften für Männer gibt es seit 1889, die Frauen folgten mit internationalen Wettbewerben im Jahr 1936. Olympisch war die Sportart schon bei den ersten Winterspielen in Chamonix 1924 mit fünf Wettbewerben, allerdings nur für Männer. Das 1000-Meter-Rennen kam in Innsbruck 1976 hinzu. Als Demonstrationswettbewerb für Frauen wurde Eisschnelllauf 1932 in Lake Placid durchgeführt. Bei den Olympischen Spielen 1960 in Squaw Valley durften sie auch um Medaillen laufen. Wegen der vielen Rennen über verschiedene Distanzen gehören die Eisschnellläufer neben den Langläufern zu den Rekord-Medaillensammlern.

Die Regeln

Gelaufen wird paarweise auf einer 400-Meter-Oval-Bahn aus Kunsteis. Wer von der Innen- und Außenbahn startet, wird ausgelost. Die markierten Bahnen sind etwa fünf Meter breit und die Geraden etwa 100 Meter lang. Auf den geraden Abschnitten wechseln die Läufer von der Innenbahn zur Außenbahn und umgekehrt. Die Schlittschuhe sind Spezialanfertigungen mit etwa 40 Zentimeter langen Kufen. Sie haben gegenüber Eishockey und Eiskunstlauf eine deutlich längere Kufe, die beweglich sein kann (Klappschlittschuhe).

Die Läufer tragen eng anliegende, einteilige Anzüge mit eingearbeiteter Kappe. Beim zweiten Fehlstart erfolgt eine Disqualifikation. Bei den Olympischen Spielen werden im Gegensatz zu anderen Titelkämpfen nur für Einzelstrecken Medaillen vergeben.

Die Wettkampfdisziplinen

Männer laufen bei Einzelstrecken üblicherweise 500, 1000, 1500, 5000 und 10.000 Meter, die Frauen 500, 1000, 1500 und 3000 Meter. Es gibt Entscheidungen im Mehrkampf, Sprint-Vierkampf, auf den Einzelstrecken, im Mannschaftsrennen und im Marathon. Der Mehrkampf besteht aus vier unterschiedlich langen Distanzen, die in eine Punktberechnung eingehen. Dabei erhält jede Strecke die Punktwertigkeit

Eisschnellläufer auf der Bahn

Anni Friesinger und Claudia Pechstein beim Wettkampf

der 500 Meter (kürzeste Strecke), indem die erzielte Zeit durch jene Zahl geteilt wird, wie die Strecke Vielfaches von 500 Metern ist, und zum Punktkonto addiert wird (Beispiel: 2:09,6 Minuten, also 129,6 Sekunden, über 1500 Meter werden durch drei geteilt und gehen mit 43,2 Punkten in den Mehrkampf ein). Der Sprint-Vierkampf besteht aus den Strecken 500 und 1000 Meter, die jeweils zweimal zu laufen sind. Die Wertung geschieht wie beim Mehrkampf. Es werden Weltmeisterschaften und nationale Meisterschaften ausgetragen. Marathonwettkämpfe über Distanzen von zehn bis 100 Kilometer gehören nicht zum Programm bei internationalen Meisterschaften, erfreuen sich aber in Ländern wie den Niederlanden oder Norwegen großer Beliebtheit. Im Unterschied zu den bereits genannten Rennen ist hier auch der Massenstart möglich.

Anni Friesinger

Anni Friesinger (geboren am 11. Januar 1977 in Inzell) erzielte bei der Eisschnelllauf-WM in Moskau im Jahr 2005 einen großen Erfolg. Sie gewann zum dritten Mal nach 2001 und 2002 Gold bei der Mehrkampf-WM. Sie ist nach Gunda Niemann-Stirnemann erst die zweite Läuferin, die bei einem Wettkampf über alle vier Strecken gewinnen konnte.

Gunda Niemann-Stirnemann

Gunda Niemann-Stirnemann (geboren am 7. September 1966 in Sondershausen) ist mit acht olympischen Medaillen (drei Gold, vier Silber, eine Bronze) aus vier Spielen, 19 WM-, acht EM- und 34 deutschen Meistertiteln, 99 Einzelstrecken- und 19 Ge-

samtsiegen im Weltcup sowie ungezählten zweiten und dritten Plätzen die erfolgreichste Eisschnellläuferin aller Zeiten. 18 Mal stellte sie neue Weltrekorde auf und ist bis heute Inhaberin des inoffiziellen Rekords über 10.000 Meter der Damen. Sie gewann in den 1990er Jahren viele Lang- und Mittelstrecken sowie den Mehrkampf und galt in ihrer Disziplin als nahezu unschlagbar. Sie wurde zur Eisschnellläuferin des Jahrhunderts und in Deutschland mehrmals zur Sportlerin des Jahres gewählt.

Claudia Pechstein

Claudia Pechstein (geboren am 22. Februar 1972 in Berlin) ist mit insgesamt vier Olympiasiegen (1994, 1998 und 2002) sowie drei weiteren olympischen Medaillen bisher die erfolgreichste deutsche Winterolympionikin aller Zeiten.

Fallschirmspringen

Der berühmte italienische Maler und Erfinder Leonardo da Vinci hat bereits um1495 einen pyramidenförmigen Fallschirm gezeichnet. Chinesische Zirkus-Artisten sollen schon im Jahrhundert davor Sonnenschirme benutzt haben, um damit von hohen Türmen zu springen. Am 22. Oktober 1797 schwebte der Franzose André Jacques Garnerin (1769-1823) an einem Fallschirm zur Erde zurück, die er zuvor mit einem Ballon verlassen hatte. Er war so der erste Mensch, der mit einem Fallschirm aus einem Luftfahrzeug abgesprungen ist. Die deutsche Luft-Schifferin Käthe Paulus (1868-1935) war die bedeutendste Frau der Fallschirm-Geschichte, denn als eine der ersten Springerinnen kam sie auf die Idee, den Schirm zusammenzufalten. Ein deutscher Konstrukteur war es schließlich, der den Fallschirm auf dem Rücken des Springers befestigte. Nun musste man den Schirm nicht mehr direkt nach dem Absprung öffnen. Der Fallschirm war zunächst hauptsächlich der Lebensretter im Notfall. Im vorigen Jahrhundert entdeckte man dann das Springen mit dem Schirm als Sportart. Für das sportliche Fallschirmspringen hat sich weitgehend auch der englische Begriff Skydiving (Himmel + tauchen) eingebürgert. Zum Teil ist der Fallschirm dabei nur noch Mittel zum Zweck um ohne Verletzung zu Landen. Der sportliche Schwerpunkt liegt auf dem noch verzögerungslos ausgeführten Fall oder dem Flug vor dem Öffnen des Fallschirms, der dann als freier Fall bezeichnet wird.

Wie wird gesprungen?

Gesprungen wird meistens aus einem Flugzeug oder einem Hubschrauber, aber auch anderen Luftfahrzeugen. Je nach zugelassenem Sprungplatz und verwendetem Flieger springt man im Allgemeinen aus zirka 1000 bis 4500 Metern über dem Boden. Im freien Fall kann die Geschwindigkeit zwischen 150 und weit über 300 Stundenkilometer betragen. Bei der klassischen Freifallhaltung in Bauchlage liegt die Durchschnittsgeschwindigkeit bei etwa 180 Stundenkilometer. Die Geschwindigkeit wird im Wesentlichen durch den Luftwiderstand und die Körperhaltung des Springers bestimmt. Der Fallschirm wird in der Regel zwischen 1200 und 700 Meter über dem Erdboden geöffnet. Gesteuert wird der Fallschirm durch eine rechte und eine linke Steuerleine, die den Schirm jeweils einseitig abbremsen. Durch gleichzeitiges Ziehen an beiden Steuerleinen vermindert sich die Geschwindigkeit und man wird im Idealfall so stark abgebremst, dass eine stehende Landung möglich ist. Im Notfall kann der Hauptschirm abgetrennt und ein Reserveschirm geöffnet werden.

Voraussetzungen für das Fallschirmspringen

Vor einem Sprung muss entweder eine längere Ausbildung erfolgen (Einzelsprung) oder zumindest ein kürzeres Training absolviert werden (Tandemsprung). Das Mindestalter für Teilnehmer am Solo Jump (Einzelsprung) beträgt 16 Jahre. Es gibt keine Altersvorschriften für Teilnehmer am Tandem Jump, denn ein ausgebildeter Trainer springt zusammen mit dem Anfänger. Der Trainer kann jedoch über die Eignung von Jugendlichen unter 16 Jahren entscheiden. In jedem Fall muss ein Erziehungsberechtigter anwesend sein. Teilnehmer unter 18 Jahren benötigen eine schriftliche Ge-

Fallschirmspringer im freien Fall

Fallschirmspringer

nehmigung ihrer Eltern. Es gibt ein Höchstgewicht, das der Veranstalter festlegt – entsprechend Größe, Alter und Geschlecht (um die 110 Kilogramm). Vor kurzem zugezogene Verletzungen oder Krankheiten müssen vor dem Training mitgeteilt werden. Die Veranstalter von Fallschirmsprüngen stellen in der Regel die Ausrüstung.

Die verschiedenen Variationen

Zielspringen: Der Springer versucht, bei der Landung einen vorgegebenen Zielpunkt möglichst präzise zu treffen.

Para-Ski: Eine Wintersportkombination aus Zielspringen und Riesentorlauf, die ihren Ursprung in der Bergrettung hat.

Stilspringen: Der Springer springt im freien Fall eine möglichst große Anzahl vorher festgelegter exakter Figuren in möglichst sauberer Ausführung.

Freifall-Formation (auch RW oder Relative Work): Der Springer fällt bäuchlings und bildet mit anderen Springern im freien Fall Figuren, die von zwei bis mehreren hundert Springern gebildet werden. Die gängigsten Varianten sind Vierer- und Achter-Formationen, die in einer vorgegebenen Zeit möglichst viele Figuren absolvieren müssen.

Kappenformation: Nach dem Absprung wird sofort der Fallschirm geöffnet und die Springer bilden Formationen am geöffneten Schirm.

Freeflying: Der Springer fällt im Sitzen oder auf dem Kopf.

Skysurfing: Fallschirmsprünge mit einem an den Füßen befestigten Surfbrett, mit dem in begrenztem Umfang sogar Gleitflüge möglich sind.

BASE-Jumping: BASE steht für „Buildings, Antennas, Spans and Earth" und ist eine Bezeichnung für Sprünge von festem Unter-

grund, zum Beispiel von Brücken, Hochhäusern, Antennenmasten, Felsen. Aufgrund des großen Risikos sind diese Sprünge nur an wenigen Orten auf der Welt dauerhaft erlaubt.

Swoopen: Mit hoher Geschwindigkeit wird über Wasser geflogen. Der Springer versucht, mit den Beinen oder Füßen Linien durchs Wasser zu ziehen. Es ist die gefährlichste Disziplin, da knapp über Grund noch mit voller Vorwärtsfahrt geflogen wird.

Wingsuits: Durch einen Flügelanzug, bei dem sich zwischen den Beinen und zwischen Armen und Körper Stoff befindet, wird aus dem Fall ein Fliegen von 80 bis 120 Stundenkilometer.

Fallschirmspringer bei der Landung

Fechten

Fechten gehört neben **Boxen** und **Ringen** zu den frühesten Formen des Zweikampfes. Es ging aus dem Training für den kriegerischen Schwertkampf hervor. Eine Art sportliches Fechten mit Waffen gab es schon sehr früh in Ostasien und mit Stöcken in Afrika und Japan. In der Antike gab es wohl schon Fechtschulen und im Römischen Reich des Augustus veranstaltete die Jugend Schau-Fechten. Mit der Erfindung des Schießpulvers im ausgehenden Mittelalter und dessen Verbreitung und dem Aufkommen von Bogen- und Armbrust-Schützen und damit bewaffneten Reitern verlor der gepanzerte Ritter seine Bedeutung. Das Schwert wurde jetzt hauptsächlich gegen Menschen ohne Rüstung verwendet und es kam das Fechten mit leichten Waffen wie dem Rapier auf, für das es bald einheitliche Regeln und Lehrbücher (1410 in Italien) gab.

Von Italien ausgehend kam es dann dazu, dass das Fechten in Frankreich Mode wurde. Gesichtsmasken machten es bald gefahrloser. 1570 legte der Franzose Henri Saint Didier die meisten Fecht-Fachausdrücke fest, die auch heute noch verwendet werden. Die Sprache des Fechtens ist Französisch. In Deutschland, das sich mit den Italienern um die Urheberschaft des sportlichen Fechtens streitet, wurde es

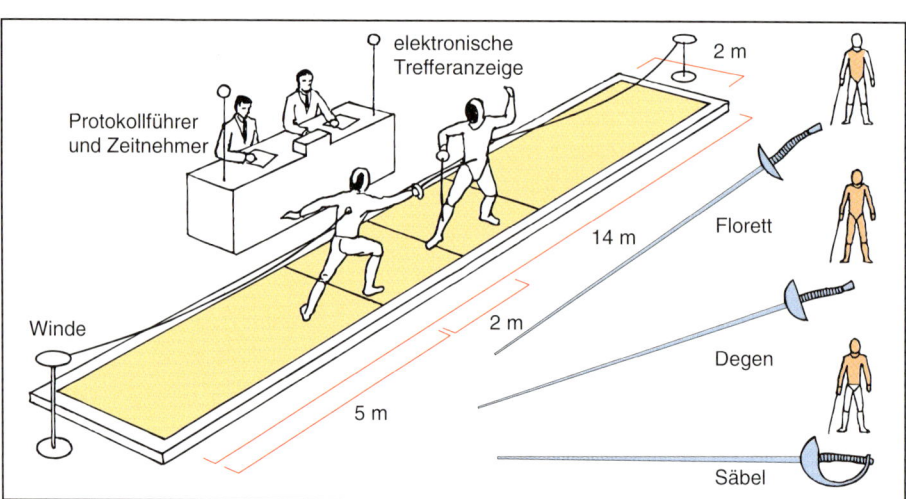

Fechten

vor allem an den Universitäten ausgeführt. 1862 entstand der erste Fechtklub in Hannover, 1896 fanden die ersten Meisterschaften statt. Fechten zählt zu den ersten olympischen Sportarten von Athen 1896.

Das Ziel

Fechten ist ein Kampfsport, bei dem auf einem langen und schmalen Boden, der an einen Steg erinnert, der so genannten Fechtbahn oder auch Planche, gefochten wird. Dabei versuchen zwei Gegner, den anderen mit einer Stoß- oder Hiebwaffe zu treffen. Gefochten wird mit den Waffengattungen Säbel, Degen und Florett. Zu den Stoßwaffen zählen Florett und Degen, der Säbel hingegen ist eine Hieb- und Stoßwaffe. Jede Berührung in bestimmten, festgelegten Bereichen des Körpers zählen als Treffer. Diese werden im Wettkampf heutzutage mit einer elektrischen Trefferanzeige gezählt (die Kämpfer sind sozusagen verkabelt). Gewonnen hat der, der zuerst eine vorher festgelegte

Zahl von Treffern am Gegner erreicht hat.

Das Angriffsrecht

Angriffsrecht bei Florett und Säbel bedeutet, dass derjenige, der zuerst angreift, auch der Erste ist, der einen Treffer landen darf. Das bedeutet, wenn man angegriffen wird, muss man sich zuerst verteidigen, bevor man einen Gegenangriff durchführen kann. Wenn der Gegner aber den Angriff mit der Klinge (Parade) abwehrt, wird das Angriffsrecht umgekehrt und so darf der Angegriffene einen Gegenangriff (Riposte) starten.

Das könnte zum Beispiel so aussehen: Fechter Nummer 1 greift an, Fechter Nummer 2 startet einen Gegenangriff und beide Fechter landen einen Treffer. Fechter 1 bekommt den Punkt, da er das Angriffsrecht besaß. Aber wenn Fechter 2 dem Angriff des ersten mit einer Parade begegnet, ändert sich das Angriffsrecht und der erste Fechter muss sich dann verteidigen. Beim

Fechten mit dem Degen gibt es kein Angriffsrecht. Wer hier zuerst trifft, dessen Treffer zählt. Können beide innerhalb von 5/100 Sekunden einen Treffer landen, werden beide gezählt.

Die Waffen

Das Florett ist eine Stoßwaffe, wiegt maximal 500 Gramm und seine Klinge ist 90 Zentimeter lang. Treffer dürfen nur mit der Spitze der Klinge am Oberkörper des Gegners erzielt werden. Dabei dürfen Arme und Kopf nicht getroffen werden. Auch der Degen ist eine Stoßwaffe, wiegt 770 Gramm und seine Klinge ist 1,10 Meter lang. Damit darf jeder Punkt am Körper getroffen werden. Der Säbel ist eine Hieb- und Stoßwaffe, wiegt unter 500 Gramm und seine Klinge misst 1,05 Meter. Damit darf am gesamten Oberkörper getroffen werden. Frauen benutzen die gleichen Waffen wie die Männer.

Anfänger beginnen üblicherweise mit dem Florett, weil damit die Grundlagen des Fechtens am leichtesten gelernt werden können. Weil es so leicht ist, eignet sich das Florett auch gut für Kinder.

Die Wettbewerbe

Bei den Mannschaftswettbewerben besteht ein Team aus vier Sportlern, die gegen jeden des anderen Teams kämpfen. Wenn eine Mannschaft mehr als die Hälfte der Kämpfe gewonnen hat, wird der Kampf vorzeitig abgebrochen. Bei Remis (Gleichstand) in den Mannschaftskämpfen gewinnt der, der die wenigsten Treffer eingesteckt hat. Außerdem gibt es

bei Florett, Säbel und Degen das Männer-Einzel, Frauen-Einzel und die Mannschaft Männer. Den Wettbewerb Mannschaft Frau gibt es nur bei den Disziplinen Florett und Degen, beim Säbelkampf jedoch nicht.

SCHUTZKLEIDUNG

Die besondere Kleidung dient dem Schutz der Fechter. Sie besteht aus sehr festem Material. Es gibt folgende Kleidungsstücke, die festen Sicherheitsstandards entsprechen müssen: eine Fechtmaske aus dichtem Drahtgitter oder Plexiglas, die auch den Hals schützt, (Säbelfechter tragen eine elektrisch leitende Maske, um die Punkte zu zählen), eine Fechtjacke, die zwischen den Beinen festgemacht wird, eine Weste aus stichsicherem Material, ein Brustschutz für Frauen, eine Fechthose bis über die Knie, gehalten von Hosenträgern, den Tiefschutz für Männer, Handschuhe mit Handrücken-Polsterung zum Schutz gegen Stiche und Kniestrümpfe. Wichtig ist für Florett- und Säbelfechter noch eine Elektroweste, um die Treffer zu zählen.

Fechter beim Wettbewerb

Formel 1

Ferrari auf der Rennstrecke

Formel 1

Formel-1-Weltmeisterschaft wurde 1950 ausgetragen. Die Formel 1 oder F1 wird oft als Königsklasse des Automobil-Motorsports bezeichnet, da die vom Automobil-Dachverband FIA ausgeschriebene Weltmeisterschaft für Fahrer und Konstrukteure sehr hohe technische und fahrerische Anforderungen beinhaltet.

Worum geht es?

Es gibt viele Diskussionen, ob eine solch lebensgefährliche Sportart Sinn macht. Viele sehen hier nur den Nervenkitzel des ständig gegenwärtigen Todesrisikos, aber es ist nicht zu bestreiten, dass der Wettbewerb zwischen den Herstellern und Teams auch zu Entwicklungen geführt hat, die sich in unseren Alltagsautos wiederfinden und die

Autorennen sind schon fast so alt wie das Auto selbst. In Frankreich ist sogar ein Rennen aus dem Jahr 1894 belegt und auch die Engländer nehmen gerne für sich in Anspruch, „Home Of Motor Racing" (englisch für Heimat der Motorrennen) zu sein. Im Jahr 1905 wurde von einem Deutschen namens Hubert von Herkomer (1849-1914) das erste Autorennen Deutschlands veranstaltet. Das war natürlich weit entfernt von dem, was wir heute unter Autorennen verstehen. Manchmal sieht man noch Oldtimer bei historischen Veranstaltungen gemächlich an uns vorbeigleiten. Mit Rennen, wie wir sie heute kennen, bei denen Höchstgeschwindigkeiten von knapp 400 Stundenkilometern erreicht werden können, ist dies nicht zu vergleichen. Allerdings dauerte es nicht lange, bis auch

schon damals enorme Geschwindigkeiten erreicht wurden. Vor dem Zweiten Weltkrieg waren Auto Union (heute: Audi) und Mercedes Benz die dominierenden Marken in den damaligen Grand-Prix-Rennen. 1948 begann der unaufhaltsame Aufstieg der Marke Ferrari. Die erste

Rennwagen in der Box

ohne den Rennsport wohl nie erfunden worden wären. Die Technik ist mittlerweile so weit entwickelt, dass häufig das Material über Sieg oder Niederlage bestimmt. Früher entschied zu einem wesentlich größeren Teil der Fahrer (oft auch nur wegen seines Mutes und seiner Risikobereitschaft) den Ausgang eines Rennens. Die technische Entwicklung ist auch oft für die Langeweile verantwortlich, die heute in den Rennen herrschen kann. Überholvorgänge sind selten geworden, seit die Autos mit Bremsscheiben aus Keramik anstatt aus Stahl fahren. Auch Bremsen mit modernen Antiblockiersystemen erlauben es jedem gleich, vor den Kurven die maximale Bremswirkung aus dem Auto herauszuholen. Die Traktionskontrolle, ein System,

dass das Durchdrehen der Räder beim Gasgeben verhindert, hilft dem Fahrer beim Beschleunigen ebenfalls so sehr, dass gutes Material Fehler des Fahrers oft wettmachen kann.

Die Aufgaben der Fahrer

Es ist nicht leicht, ein Formel-1-Rennauto zu fahren. Die körperliche Anstrengung ist enorm, die Fliehkräfte beim Gasgeben, Bremsen und besonders beim schnellen Durchfahren der Kurven sind fast so stark wie in einer Weltraumrakete und die Fahrer müssen genauso viel Zeit mit Fitnesstraining verbringen wie mit Autofahren. Nur wer topfit ist, kann auch am Ende eines Rennens noch konzentriert das Auto steuern. Körperlich verausgabten Fahrern unterlaufen Fehler, die oft schlechtere Rundenzeiten oder gar Ausrutscher zur Folge haben und jede Siegchance zunichte machen.

Die Zukunfts-aussichten

Es gibt seitens der Teams und der Fahrer einiges an Vorschlägen, wie man den Sport attraktiver machen könnte. Die technische Entwicklung hat aber bisher jedes Mal dafür gesorgt, dass Beschränkungen schon nach kurzer Zeit durch pfiffige Lösungen wieder ausgeglichen wurden und die Rundenzeiten von Jahr zu Jahr wieder schneller wurden. Das Zauberwort heißt hier Aerodynamik. Darunter versteht man die optimale Anströmung des

Ferrari-Pilot Michael Schumacher

Der erfolgreichste Fahrer aller Zeiten ist **Michael Schumacher** (geboren am 3. Januar 1969 in Hürth-Hermühlheim). Er hat mittlerweile alle Rekorde gebrochen, ist siebenfacher Weltmeister und wird in einem Atemzug mit Namen wie Juan Manuel Fangio oder Ayrton Senna genannt.

Juan Manuel Fangio (1911-95) war ein argentinischer Rennfahrer. Er wurde fünfmal Formel 1-Weltmeister. Er gilt bis heute als einer der besten Rennfahrer aller Zeiten. Bei 51 Grand-Prix-Starts gewann er 24 Mal, was als Erfolgsquote unerreicht ist. Seine fünf WM-Titel stellten lange Zeit einen Rekord dar, der erst von Michael Schumacher 2003 überboten wurde.

Der brasilianische Formel-1-Rennfahrer **Ayrton Senna** (eigentlich Ayrton da Silva, 1960-94), dreimaliger Weltmeister 1988, 1990 und 1991, verunglückte 1994 beim Grand Prix in Imola tödlich, als er mit 300 Stundenkilometern in einer Kurve gegen eine Mauer prallte.

Autos durch die Luft von oben, den Seiten und besonders von unten. Sie trägt einen Großteil zur Fahrstabilität und der Höchstgeschwindigkeit bei. Modelle und auch echte Autos werden in Windkanälen getestet, um auch den letzten Luftstrom auszunutzen. Eine solche Testanlage kann leicht über 100 Millionen Euro kosten.

Fußball

Nach Überlieferungen wurden schon im 12. Jahrhundert auf ritterlichen Turnieren Wettbewerbe ausgetragen, die einem Fußballspiel ähnlich waren. Die ersten Fußbälle bestanden aus mit Leder überzogenen Heuballen. Die Aufgabe einer Mannschaft war, diesen Heuball durch das Stadttor zur befördern. Das Spiel wurde jedoch erst dadurch spannend, dass ein zweites Team versuchte, dieses Vorhaben zu verhindern. Recht schnell verbreitete sich dieses lustige Spiel. Bald traten ganze Dörfer gegeneinander an. Ein Dorf versuchte den Ball durch das Stadttor des Nachbarortes zu schießen. Das Spielfeld war damals so lang wie der Abstand zwischen den beiden Dörfern. Richtige Regeln hatte das Spiel nicht, alles war erlaubt. Es kam oft zu Rangeleien und Verletzungen. Ungeklärt ist auch, wie die Spieler den Ball befördern durften. Damals war das Tragen des Balles noch erlaubt, was heute verboten ist. Deshalb entwickelten sich aus diesem Spiel auch zwei Sportarten: **Rugby** und Fußball. Einen großen Anteil an der Entwicklung der Fußballregeln hat die „Football Association": Das ist die englische Fußballvereinigung, die 1863 in London gegründet wurde. Sie setzte die Anzahl der Spieler pro Team auf elf Personen und bestimmte, dass den Feldspielern der Einsatz ihrer Hände verboten ist.

Das Spielziel

Das Wort Fußball steht sowohl für die Sportart als auch für das Sportgerät selbst. Es spielen zwei Mannschaften gegeneinander. Ein Team besteht aus zehn Feldspieler und einem Torwart. Ausgetragen wird das Spiel auf einem rechteckigen Platz. Das Spielfeld ist 49 bis 90 Meter breit und 90 bis 120 Meter lang. Eingegrenzt ist das Feld durch eine Linie. Die Linien der kurzen Seiten

Franz Beckenbauer

WELTFUSSBALLER DES JAHRES SEIT 1990
1990: Lothar Matthäus, Deutschland
1991: Lothar Matthäus, Deutschland
1992: Marco van Basten, Niederlande
1993: Roberto Baggio, Italien
1994: Romario, Brasilien
1995: George Weah, Liberia
1996: Ronaldo, Brasilien
1997: Ronaldo, Brasilien
1998: Zinedine Zidane, Frankreich
1999: Rivaldo, Brasilien
2000: Luis Figo, Portugal
2001: Michael Owen, England
2002: Ronaldo, Brasilien
2003: Zinedine Zidane, Frankreich
2004: Ronaldinho, Brasilien

Zum Weltfußballer des Jahrhunderts wurde mit deutlichem Vorsprung der Brasilianer Pelé gewählt. Auf Platz 3 folgt Franz Beckenbauer, auf Platz 5 der Argentinier Diego Maradona, auf Platz 13 und 15 Gerhard Müller und Lothar Matthäus aus Deutschland. Sepp Maier erreichte bei der Wahl zum Welttorhüter des Jahrhunderts Platz 4.

Fußballspieler

Die Positionen

Der Trainer bestimmt, wer welche Position in einer Mannschaft erhält. Folgende Positionen sind zu vergeben:

Torwart

Der Torwart steht, wie der Name schon sagt, im Tor. Er soll als letzter Mann verhindern, dass die Gegner einen Treffer erzielen. Torwarte dürfen als einzige Spieler ihre Hände benutzen, um Bälle zu fangen oder abzuweh-

sind die Torauslinien, die Linien der langen Seiten nennt man Seitenauslinien. In der Mitte der beiden Torauslinien steht jeweils ein Tor. Es ist 7,32 Meter breit und 2,44 Meter hoch. Bei einem Fußballspiel versuchen beide Mannschaften, den Ball ins gegnerische Tor zu schießen. Bewegt werden darf der Ball ausschließlich mit dem Fuß, der Brust oder dem Kopf. Der Ball ist meist aus Leder und wiegt zwischen 410 und 450 Gramm. Gewonnen hat die Mannschaft, die nach Ablauf der Spielzeit die meisten Tore geschossen hat. Ein Spiel dauert 90 Minuten und ist in zwei Hälften aufgeteilt. Zwischen den Hälften gibt es eine 15-minütige Pause. Haben beide Mannschaften nach Ablauf dieser Zeit gleich viele oder gar keine Tore erzielt, endet das Spiel unentschieden. Bei Turnieren gibt es dann manchmal eine Verlängerung. Sie dauert 30 Minuten, aufgeteilt in zwei Hälften. Ist danach noch immer keine Entscheidung gefallen, kommt es zum Elfmeterschießen.

Sebastian Deisler vom FC Bayern München

ren. Der Torwart kann auch als Feldspieler eingesetzt werden. Das passiert manchmal, wenn ein Team knapp zurückliegt und unbedingt noch ein Tor erzielen will. Dann ist ein weiterer Mann im Feld hilfreich.

Abwehr

In der Abwehr spielen die Verteidiger. Wie viele Verteidiger in einer Mannschaft eingesetzt werden, bestimmt der Trainer. Die Verteidiger halten sich in Tornähe auf. Sie sollen die gegnerischen Stürmer auf ihrem Weg zum Tor aufhalten und ihnen den Ball abnehmen.

Libero

Der Spieler mit der Libero-Position ist taktisch frei beweglich. Eigentlich ist er ein Abwehrspieler, der aber auch im Angriff mitmischen soll. Der Libero ist quasi der Joker im Team. Bis auf Libero und Torwart haben für gewöhnlich alle Spieler einen Auftrag zur Deckung, das heißt, sie beobachten einen oder mehrere Gegenspieler. Wenn der Gegenspieler in Ballbesitz kommt, muss er gestört werden, damit er gar nicht erst einen Angriff starten kann.

Mittelfeld

Mittelfeldspieler sind eine Art Durchlaufstation. Wenn der Verteidiger in Ballbesitz gekommen ist, muss der Ball über das Mittel-

Schiedsrichter zeigt einem Spieler die rote Karte

feld hin zum Sturm gespielt werden. Während die Verteidiger die Zone rund um ihr Tor nicht verlassen sollten, kann das Mittelfeld hinter den Stürmern in Richtung gegnerisches Tor nachrücken. Wagen die Gegner umgekehrt einen Sturmversuch, muss das Mittelfeld seine Reihen schließen und dafür sorgen, dass der Ball möglichst gar nicht erst zu den Verteidigern durchgelassen wird.

Sturm

In der vordersten Reihe stehen die Stürmer. Wenn ein Stürmer den Ball aus dem Mittelfeld zugespielt bekommt, macht er sich auf den Weg zum Tor des Gegners. Die wichtigste Aufgabe eines Stürmers ist, Tore zu erzielen. Deshalb werden treffsichere und

kopfballstarke Spieler als Stürmer eingesetzt.

Die Spieltaktik

Der Trainer bestimmt, wie sich das Spiel einer Mannschaft gestalten soll. Der Einsatz vieler Stürmer führt zu einer offensiven Spielweise. Offensiv heißt, dass die Mannschaft auf Angriff ausgerichtet ist. Das Gegenteil davon ist die defensive Spielweise. Dann steht die Verteidigung mit einer verstärkten Abwehr im Vordergrund. Meist beginnt ein Spiel offensiv. Sobald ein Team in Führung liegt, muss die Abwehr versuchen, den Vorsprung zu halten. Da eine größere Anzahl an Verteidigern eine bessere Abwehr bildet, wird in solchen Situationen häufig ein Stürmer gegen einen Abwehrspieler eingewechselt. Durch die Einwechslung von Spielern kann noch in der Partie die Spieltaktik verändert werden. Auswechseln darf der Trainer in einem Spiel dreimal. Allerdings sollte er nicht alle Wechselmöglichkeiten zu früh ausschöpfen: Wenn sich ein Spieler verletzt hat und nicht weiterspielen kann, sollte der Trainer noch die Möglichkeit haben, ihn gegen einen Spieler auf der Bank auszutauschen.

ABSEITSFALLE

Als taktisches Mittel kann die verteidigende Mannschaft die Abseitsfalle anwenden. Dabei läuft ein Spieler kurz vor einem Pass der gegnerischen Mannschaft so aus der Verteidigungslinie heraus, dass sich der Angreifer plötzlich im Abseits befindet. Allerdings ist dies nicht ganz ungefährlich, denn klappt die Abstimmung unter den Abwehrspielern nicht, kann die angreifende Mannschaft sogar zu einer Torchance kommen.

Anstoß

Mit dem Anstoß beginnt das Spiel. Der Ball wird dafür auf eine Markierung in der Mitte des Feldes gelegt. Vorher wirft der Schiedsrichter eine Münze, die entscheiden soll, welches Team den Anstoß ausführen darf. Die Münze entscheidet außerdem darüber, welche Mannschaft sich eine Seite aussuchen darf. Nach der Halbzeit wechseln die Seiten.

Eckball

Das Fußballfeld hat vier Ecken. Wird der Ball von einem dieser Eckpunkte ins Spielfeld geschossen, spricht man vom Eckball. Ein Eckball wird dann gegeben, wenn ein Ball hinter die Torauslinie geschossen wird und zuletzt von einem Spieler der verteidigenden Mannschaft berührt wurde. Schießt ein Angreifer den Ball hinter die Torauslinie, erhält der Torwart den Ball für einen Abstoß.

Gelbe und rote Karte

Beim Fußball wird ein Foul oder ein anderes Fehlverhalten bestraft. Je nach Schwere des Vergehens kann der Schiedsrichter einem Spieler die gelbe oder rote Karte zeigen. Die gelbe Karte ist eine Verwarnung, mit der roten Karte fliegt der Spieler vom Platz. Die zweite gelbe Karte in einem Spiel wird automatisch zur roten Karte. Falls ein Spieler vom Platz gestellt wird, muss die Mannschaft den Rest des Spieles ohne elften Spieler auskommen.

Abseits

Manchmal werden Tore nicht gewertet, weil der Schiedsrichter vorher Abseits gepfiffen hat. Abseits bedeutet, dass ein Spieler seinem Teamkollegen den Ball zuschießt und sich der Ballempfän-

Finale der Fußball-EM in Portugal: Portugal gegen Griechenland 0:1

ger im Moment der Ballabgabe allein vor dem gegnerischen Tor und dem Torwart befindet. Ist noch ein gegnerischer Spieler zwischen Tor und Ballempfänger, liegt kein Abseits vor. Ballempfänger und Gegner fürfen auch auf gleicher Höhe stehen.

Handspiel

Nur beim Einwurf darf ein Spieler seine Hände benutzen. In allen anderen Situationen wird er vom Schiedsrichter für einen Handeinsatz bestraft. Das gilt jedoch nur, wenn der Spieler seine Hand absichtlich zum Ball geführt hat.

Elfmeter

Vor dem Tor befindet sich ein markierter Strafraum. In diesem

FUSSBALLWELTMEISTERSCHAFT

Seit 1930 kämpfen die besten Nationalmannschaften der Welt alle vier Jahre um den Weltmeistertitel. Wenn eine Mannschaft die Weltmeisterschaften zum dritten Mal gewinnt, dürfen sie den Original-Cup behalten. 1970 waren dies die Brasilianer. Seit 1974 gibt es deshalb einen neuen Cup.

Jahr	Austragungsort	Mannschaften	Ergebnis
1970	Mexiko	Brasilien : Italien	4 : 1
1974	Deutschland	Deutschland : Niederlande	2 : 1
1978	Argentinien	Argentinien : Niederlande	3 : 1 n. V.
1982	Spanien	Italien : Deutschland	3 : 1
1986	Mexiko	Argentinien : Deutschland	3 : 2
1990	Italien	Deutschland : Argentinien	1 : 0
1994	USA	Brasilien : Italien	3 : 2 n.E.
1998	Frankreich	Frankreich : Brasilien	3 : 0
2002	Japan/Südkorea	Deutschland : Brasilien	0 : 2

Bereich darf der Torwart seine Hände zum Fangen einsetzen. Wird ein angreifender Spieler in diesem Bereich gefoult oder benutzt ein Feldspieler zur Abwehr die Hand, entscheidet der Schiedsrichter auf Elfmeter. Der Elfmeterpunkt befindet sich elf Meter vor dem Tor. Der Schütze hat sehr gute Chancen, das Tor aus so geringer Entfernung zu treffen. Die Gegner dürfen nur den Torwart zur Verteidigung einsetzen. Ungefähr 80 Prozent aller Elfmeterschüsse gehen ins Tor.

Das Elfmeterschießen kommt zum Einsatz, wenn es in einer Partie auch nach der Verlängerungszeit noch unentschieden steht. Dafür werden fünf Schützen pro Team bestimmt, die abwech-selnd einen Elfmeter schießen müssen. Es gewinnt das Team, das die meisten Elfmeter ins Tor geschossen hat.

Freistoß

Verstößt eine Mannschaft gegen die Regeln, gibt der Schiedsrichter einen Freistoß. Der Ball muss dafür völlig ruhig am Boden liegen.

MENSCHENMASSEN

Eines der berühmtesten Stadien war das Wembley-Stadion in London. Das Estadio Maracana in Rio de Janeiro (Brasilien) ist das größte Fußballstadion der Welt. Es fasst mehr als 165.000 Zu-

Birgit Prinz (geboren am 25. Oktober 1977 in Frankfurt am Main) ist die bekannteste und erfolgreichste deutsche Fußballspielerin. Mit dem 1. FFC Frankfurt gewann sie bereits dreimal die deutsche Meisterschaft. Außerdem siegte sie mit ihrem Verein im UEFA-Cup, der 2002 erstmals für Frauen ausgetragen wurde. Ab 1994 spielte sie im deutschen Nationalteam und gewann 1995, 1997 und 2001 die Europameisterschaft. 2004 wurde sie zur Weltfußballerin des Jahres gewählt

Einwurf

Schießt eine Mannschaft den Ball seitlich ins Aus, darf ein Spieler des gegnerischen Teams den Ball mit beiden Händen von hinten über den Kopf auf das Spielfeld einwerfen. Der Einwurf erfolgt von jenem Punkt der Seitenauslinie, wo der Ball das Spielfeld verlassen hat.

Die Fußballbundesliga

Die höchste Spielklasse in Deutschland ist die erste Fußballbundesliga. Dort kämpfen bei den Herren 18 und bei den Damen zwölf Fußballvereine um die Deutsche Meisterschaft. Jedes Team bestreitet gegen jedes andere Team in einer Saison ein Heimspiel und ein Auswärtsspiel. Pro Sieg gibt es drei Punkte, für ein Unentschieden einen Punkt. Das Team, das am Ende der Saison die meisten Punkte hat, ist deutscher Fußballmeister. Die drei Teams mit den wenigsten Punkten steigen in die zweite Liga ab.

Eingeführt wurde die Fußballbundesliga zur Saison 1963/64. Erster deutscher Meister wurde 1964 der 1. FC Köln. Der Rekordmeister ist Bayern München. Das Team konnte seit Gründung der Bundesliga 17-mal die deutsche Meisterschaft gewinnen. Gerd Müller (geboren 1945) erzielte als Spieler 365 Bundesligatore – keiner schaffte bislang mehr!

Frauenfußball

Die Spielerinnen des deutschen Frauenfußballs sind außerordentlich erfolgreich. Das deutsche Nationalteam gewann bereits fünfmal die Europameisterschaften (1989, 1991, 1995, 1997, 2001). Der bisher größte Erfolg war der Sieg bei der Fußballweltmeisterschaft in den USA im Jahr 2003. Bei den Olympischen Spielen gewann das Nationalteam 2000 und 2004 die Bronzemedaille.

Fußballspieler

Gerätturnen

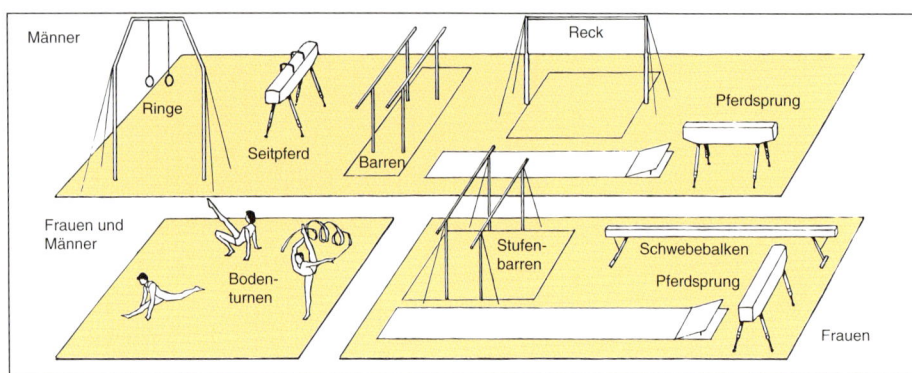

Gerätturnen

So etwas wie das Turnen gab es schon seit ungefähr 200 Jahren vor Christus. Zu den ältesten überlieferten Turnübungen aus dieser Zeit zählt der so genannte Königssprung des Teutonenkönigs Teutobod, der angeblich über sechs nebeneinander stehende Ponys gesprungen ist. Bereits 375 wird über den Gebrauch hölzerner Pferde für die Körperertüchtigung im römischen Heer berichtet. Das erste Turn-Fachbuch gab ein Italiener namens Tuccaro 1599 heraus. Das sportliche Turnen kam jedoch zu Beginn des 19. Jahrhunderts auf und ist eng verbunden mit den Lehren von Friedrich Ludwig Jahn (1778-1852), der Barren, Reck und eine eigene Turnsprache erfunden hat. Erst in der zweiten Hälfte des 19. Jahrhunderts wurde mit den großen Turnfesten das Gerätturnen zu einer Wettkampf-Sportart. Bei den ersten Olympischen Spielen 1896 in Athen absolvierten die Turner neben leichtathletischen Disziplinen auch Wettbewerbe an den Geräten Reck, Barren, Pauschen- oder Seitpferd, Sprungpferd und Ringe. Turnerinnen nahmen ab 1928 teil, mussten aber noch an Männerturngeräten ihr Können zeigen. Die Leistungs- und Wettkampfform des Gerätturnens, die an olympischen Turngeräten durchgeführt wird, heißt üblicherweise Kunstturnen. Sie wird seit 1936 bei Olympischen Spielen und seit 1952/54 regelmäßig bei Weltmeisterschaften ausgetragen. Dabei gibt es folgende Geräte: Frauen turnen an den vier Geräten Pferdsprung (quer), Stufenbarren, Schwebebalken und Boden. Die Männer bearbeiten sechs Disziplinen: Boden, Pauschenpferd (Seitpferd), Ringe, Pferdsprung (längs), Barren und Reck.

Das Pauschenpferd (Seitpferd)

Dieses Gerät wird nur beim Gerätturnen der Männer verwendet. Eigentlich heißt es „Pauschenpferd Mogilny" nach den beiden Griffen (Pauschen) am Gerätkörper. Der Pferdkörper ist 1,60 Meter lang, 1,15 Meter hoch und 35 Zentimeter breit. Jeder Turner muss während der Kür alle drei Teile des Geräts (Mitte, beide Enden) beturnen. Dabei müssen ständig beide Beine kreisen, abgewechselt mit Pendeln und festgelegten Scherenelementen. Es kann auch durch die Handstandposition geschwungen werden. Nur die Hände dürfen das Gerät berühren. Die ganze Kür muss gleichmäßig und kontrolliert vorgetragen werden. Für die Kampfrichter bei den Wettbewerben ist das Pauschenpferd wohl das schwierigste Gerät: Minimale Unterschiede in der Art, die Hände am Pferd aufzustützen, können zum Beispiel deutliche Unterschiede in der Bewertung nach sich ziehen. Außerdem folgen die einzelnen

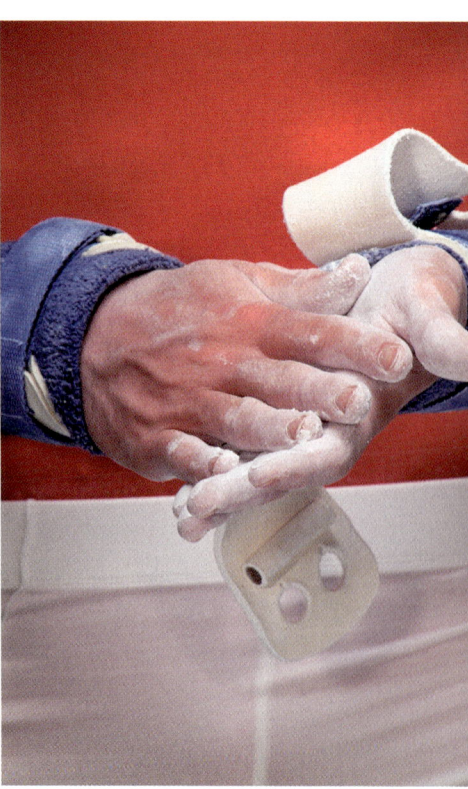

Turner bei der Vorbereitung

Turnelemente so schnell aufeinander, so dass nur ein sehr guter Richter sie erkennen und beurteilen kann.

Das Sprungpferd

Das Springen über das Pferd ist eine Disziplin im Turnen für Frauen und Männer, es ist auch Teil der Mehrkämpfe. Das Pferd ist 1,60 Meter lang, 35 Zentimeter breit und 1,10 Meter bis 1,70 Meter hoch. Es wird lang gestellt für Männer, seit gestellt für Frauen. Der Anlauf beträgt bis zu 25 Meter, Frauen haben zwei Versuche pro Sprung. Im Wettkampf werden zwei verschiedene Sprünge verlangt.

Der Kasten

Das Gerät ist 1,20 Meter hoch, 1,60 Meter lang, 35 Zentimeter breit und ist mit einem lederartigen Stoff überzogen. Die Aufgabe besteht darin, in bestimmten Arten über das Gerät zu springen, dazu ist ein Anlauf von höchstens 25 Metern erlaubt. Danach springt man auf einem Sprungbrett ab. Jedem Sprung (von ganz einfachen, wie einer Hocke, bis zu sehr schwierigen, wie zum Beispiel einem Überschlag mit Doppelsalto) wird ein bestimmter Maximal-Punktwert zugeordnet, von dem für Fehler Punkte abgezogen werden. Bewertet wird die Technik und die Haltung während des Sprungs und außerdem noch die Weite des Fluges nach dem Abdrücken vom Gerät: Je weiter, desto besser. Spitzenturner landen oft erst vier Meter hinter dem Gerät.

Das Reck

Es besteht aus einer waagerechten 2,40 Meter langen Stange, die auf verschiedene Art montiert sein kann. Heute üblich ist das so genannte Spannreck. Dabei ist die Reckstange an zwei senkrechten Stangen montiert, welche mit je zwei Spannseilen gehalten werden. Das Reck wird dadurch elastisch, was für die Übungen sehr wichtig ist. Bei Wettkämpfen ist es 2,50 Meter hoch. Das Reck gehört zu den Turngeräten der Männer und ist in der olympischen Reihenfolge das sechste und letzte Gerät. Vor ein paar Jahren wurde das Reckturnen durch die Aufnahme von drei und mehr Flugelementen pro Übung (zum Beispiel ein doppelter Salto, nachdem die Stange wieder gefangen wird) noch artistischer und spannender für die Zuschauer. Typische

DIE RIESENFELGE

Der Körper des Turners hängt hierbei am Reck und wird in seiner vollen Länge um das Reck geschwungen. Die Riesenfelge kann vorwärts und rückwärts ausgeführt werden. Bei der Riesenfelge vorwärts wird die Reckstange normal angefasst, bei der Riesenfelge rückwärts im so genannten Kammgriff. Dabei werden die Handflächen zum Gesicht gedreht, so dass die Daumen nach außen zeigen. Seit einigen Jahren gibt es auch Variationen, bei denen die Riesenfelge rückwärts mit normalem Griff oder vorwärts im Kammgriff ausgeführt wird.

Übungen am Reck sind Felgaufschwung, Riesenfelge oder Kontergrätsche. Am Reck gibt es mehrere Griffarten: Ristgriff, Kammgriff, Zwiegriff, Kreuzgriff und Ellgriff.

Der Schwebebalken

Das ist ein Sportgerät nur für das Turnen der Frauen. Er besteht aus einem fünf Meter langen und zehn Zentimeter breiten Holzbalken, der sich auf Stützen 1,20 Meter über dem Boden befindet. Typische Turnübungen auf dem Schwebebalken sind Standwaage, Strecksprung und Überschlag. Daraus wird eine Kür geturnt. Die Kür-Kombinationen der Frauen müssen turnerische, akrobatische und tänzerischgymnastische Elemente enthalten. Dabei soll auch die ganze Länge des Geräts ausgenutzt werden.

Schwebebalken

Gerätturnen

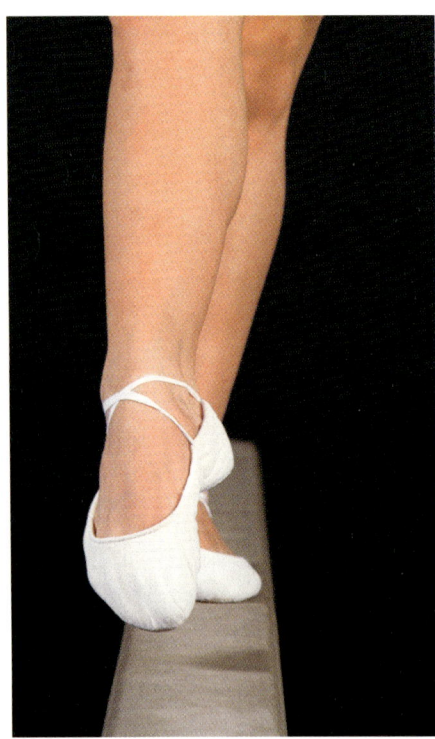
Schwebebalken

Der Barren

Barren ist ein Gerät im Turnen für Männer, auch ein Teil des Mehrkampfes. Für Frauen gibt es den Stufenbarren mit verschieden hohen Holmen (bei den Männern sind sie auf gleicher Höhe). Eine Übung muss stützende, hängende, schwingende und balancierende Elemente enthalten. Dabei wird sowohl über als auch unter den Holmen geturnt. Außerdem gibt es Kreisschwünge entlang der Körperlängsachse, für die hauptsächlich Kraft eingesetzt wird. Die Turner dürfen während ihrer gesamten Übung nicht öfter als dreimal stoppen. Jeder der beiden parallelen Barrenholme ist 3,50 Meter lang und 1,95 Meter hoch, mittelmäßig elastisch und aus Holz mit Kunststoffkern. Unter dem Barren liegen 20 Zentimeter dicke so genannte Niedersprungmat-

ten zur Absicherung. Es wird in jede Richtung geturnt: Nicht nur entlang der Holmengasse, sondern auch quer, mit reckähnlichen Riesenfelgen, mit Flugelementen und Schraubenkombinationen oder Flanken.

Die Ringe

Das Turnen an den Ringen ist eine Disziplin nur für die Männer. Die beiden Ringe selbst hängen in einer Höhe von 2,75 Meter im Abstand von 50 Zentimetern an Drahtseilen, die an einem 5,75 Meter hohen Gerüst befestigt sind und gedreht werden können. Es gibt Niedersprungmatten für die Landung beim Abgang, die 20 Zentimeter dick sind. Kraft ist das Hauptelement beim Turnen an diesem Gerät. Die Übungen an den Ringen müssen vom Turner so zusammengestellt werden, dass sie zu gleichen Tei-

Ringe

len aus Schwung- und Kraftelementen bestehen. Zwei Handstände (je einer aus dem Vorschwung, einer aus dem Rückschwung) müssen mindestens dabei sein. Bis vor kurzem waren zwei bis drei Kraftelemente (wie der Kreuzhang = Hängen an den Ringen mit ausgebreiteten Armen) mit guter Schwungtechnik ausreichend, jetzt werden oft

Ringe

mehrere höchst schwierige Kraftelemente direkt aneinandergereiht oder Schwungelemente direkt in Krafthalten beendet. Nur sehr kräftige Turner sind für das Turnen an den Ringen geeignet.

Die Technik

Die Bewegungsmöglichkeiten an den Geräten sind fast unbegrenzt. Bei jedem großen Wettkampf gibt es neue Elemente zu sehen. Man unterscheidet allgemein Schwung- und Kraftelemente. Es gibt dynamische (Senken, Heben) und statische (zwei Sekunden Haltezeit) Kraftteile. Sportwissenschaftler schufen in den 1960er Jahren eine gerätübergreifende Ordnung der Schwungelemente: Rollen, Sprünge, Überschläge, Auf- und Umschwünge, Kippen, Felgen, Stemmen und Beinschwünge.

Wettkampfordnung

Beim Kunstturnen werden nationale Meisterschaftswettkämpfe im Einzel- und Mannschaftsbereich veranstaltet. Außerdem gibt es Pokalwettkämpfe auf Bundesebene, die von den einzelnen Fachgebieten ausgeschrieben werden. Bundesliga, Regionalliga und Landesliga werden vom Deutschen Turnerbund (DTB) ausgerichtet. Sie sind die obersten Wettkampfklassen auf nationaler Ebene. Wichtiger sind Länderkämpfe, Europa- und Weltmeisterschaften sowie Olympische Spiele.

Allgemeine Bewertungsrichtlinien

Nach dem so genannten Code de Pointage, der die Bewertung der Übungen festlegt hat der Turner die Möglichkeit, seine Kürübung selbst zusammenzustellen. Der Schwierigkeitsgrad einer Übung

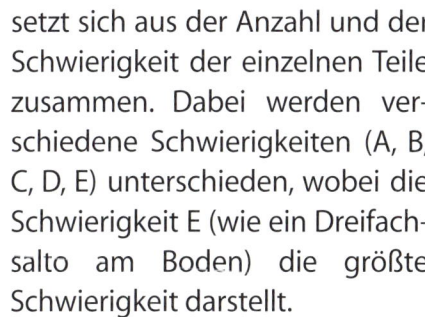

DER STAR

Der größte sportliche Erfolg von **Andreas Wecker** (geboren am 2. Januar 1976 in Staßfurt) war die Goldmedaille bei den Olympischen Spielen 1996 in Atlanta am Reck. Bei den Olympischen Spielen 1988 in Seoul bekam er mit der DDR-Mannschaft die Silbermedaille im Mannschafts-Mehrkampf. Bei den Olympischen Spielen 1992 in Barcelona gewann er jeweils Bronze am Seitpferd, am Reck und an den Ringen. Am Reck wurde er Weltmeister 1995, Europameister 1989 und 1992 sowie Jugend-Europameister 1988. Er gewann zwischen 1989 und 1995 insgesamt 14 weitere Medaillen an verschiedenen Geräten und mit der Mannschaft. Bei deutschen Meisterschaften von zwei Verbänden bekam er mehr als 40 Titel im Mehrkampf und an den verschiedenen Geräten.

setzt sich aus der Anzahl und der Schwierigkeit der einzelnen Teile zusammen. Dabei werden verschiedene Schwierigkeiten (A, B, C, D, E) unterschieden, wobei die Schwierigkeit E (wie ein Dreifachsalto am Boden) die größte Schwierigkeit darstellt.

Verbreitung

Gerätturnen ist ein beliebter Breitensport und auch ein verbreiteter Schulsport, wobei dort die Gerätezuordnung nicht nach Männern und Frauen aufgeteilt ist. Im Profi-Bereich holen oft Russland, Japan, China und die USA die Medaillen.

Turner an den Ringen

Gewichtheben

Als athletische Übung und ein natürliches Mittel zum Kräftemessen gab es das Gewichtheben schon bei den antiken Ägyptern und Griechen. Doch erst im 18. Jahrhundert traten Gewichtheber besonders in England als Berufssportler im Schausteller-Geschäft auf. 1891 wurde der erste Gewichtheber-Verband der Welt, der Deutsche Athletenbund (DAB), gegründet. Seit 1893 werden deutsche Meisterschaften, seit 1896 europäische und seit 1905 Weltmeisterschaften ausgetragen. Starre Hanteln und Gewichte machten den Sport umständlich, bis die Scheibenhantel erfunden wurde, also eine Stange, an der man unterschiedliche Gewichte in Scheiben anbringen kann. Das Gewichtheben ist seit Beginn der modernen Spiele 1896 olympische Disziplin. 1920 wurden fünf Gewichtsklassen eingeführt (Feder, Leicht, Mittel, Halbschwer und Schwer) und ein Dreikampf bestritten, für den die Leistungen aus einarmigem Reißen und Stoßen sowie aus beidarmigem Stoßen zusammengezählt wurden. Die Gewichtsklassen wurden von fünf auf heute zehn aufgestockt: Das Bantamgewicht kam 1948 hinzu, darauf folgten Mittelschwer 1952, zweites Schwergewicht und Superschwergewicht 1972 und schließlich erstes Schwergewicht 1980. Seit den 1980er Jahren gibt es Frauen-Meisterschaften, 2000 in Sydney waren sie zum ersten Mal an der Olympiade beteiligt.

Das Ziel

Das Gewichtheben ist ein Kraftsport, bei dem die Sportler versuchen, eine Hantel mit Gewichten zur so genannten Hochstrecke zu bringen, das bedeutet, sie über dem Kopf mit ausgestreckten Armen zu halten. Der Wettkampf wird in den Disziplinen Reißen und Stoßen oder einer Kombination aus beiden (olympischer Zweikampf) durchgeführt. Der Sportler hat für jedes Gewicht höchstens drei Versuche. Er kann

das nächste Gewicht steigern, so viel er will, aber es müssen mindestens 2,5 Kilogramm sein. Zwischen dem Betreten der Bühne und dem Beginn des Gewichthebens hat er nur 60 Sekunden Zeit. Neben der Kraft sind bei diesem Sport insbesondere gute Technik und Beweglichkeit für den Erfolg wichtig.

Das Reißen

Dabei muss die Hantel in einem Zug vom Boden nach oben gehoben und über dem Kopf so lange gehalten werden, bis der Kampfrichter ein Zeichen gibt. Dazu wird die Hantel so breit gegriffen, dass sie nach dem Heben nur wenige Zentimeter über dem Kopf liegt. Die drei Kampfrichter bewerten den Ablauf und ob er richtig war und fällen dann die Entscheidung, ob die Ausführung gültig ist oder nicht.

Gewichtheben

Das Stoßen

Dabei wird die Hantel zunächst in einer Bewegung auf Brusthöhe gebracht und darf auf Schlüsselbein, Brust oder gebeugten Armen ruhen. Die Hantel wird ungefähr schulterbreit gegriffen. In einem zweiten Bewegungsablauf wird sie dann nach oben gestoßen und dort wie beim Reißen eine Zeit lang mit gestreckten Armen gehalten. Beine und Füße dürfen dabei bewegt werden und müssen nicht immer an derselben Stelle stehen.

Der olympische Zweikampf

Diese Disziplin besteht aus Reißen und Stoßen, die Leistungen von beiden werden für den Gesamtsieg zusammengezählt.

Die Hantel

Sie selbst hat ein Gewicht von 20 Kilogramm bei Männern, für Frauen wurde eine Hantel geringeren Durchmessers und 15 Kilogramm eingeführt. Für Kinder und Jugendliche gibt es weitere Hanteln. Durch das Aufstecken von Scheiben und Verschlüssen wird in Schritten von 2,5 Kilogramm (oder einem Vielfachen davon) die Last erhöht.

Die Wettkämpfe

Bei Einzelmeisterschaften, wie etwa Weltmeisterschaften oder Olympischen Spielen, sind die Athleten in Gewichtsklassen eingeteilt. Es gewinnt, wer innerhalb einer Gewichtsklasse das höchste Gewicht stemmen kann.

Das Doping-Problem

Leider war das Gewichtheben durch falsche ärztliche Betreuung und Missbrauch von verbotenen leistungssteigernden Mitteln in die Schlagzeilen geraten. Es gab viele Skandale und Sportler wurden disqualifiziert (von der Teilnahme ausgeschlossen). Darum beschloss man bei den Olympischen Spielen 1996 in Atlanta, etwas zu tun, und teilte die Gewichtsklassen neu ein um dem Gebrauch von Doping vorzubeugen.

Gewichtheber beim Stoßen der Hantel

Golf

Schon im 3. Jahrhundert vor Christus wurden in China Bälle mit einem Stock geschlagen. Seit dem 12. Jahrhundert kennt man die Begriffe Loch und Flaggen. Im Frankreich des 14. Jahrhunderts bezeichnete man eine Vorform des Golf als „crosse".

Vor zirka 500 Jahren begannen die Holländer zu „kolfen", das heißt, einen Ball mit einem Kolben über die gefrorenen Kanäle zu schießen. Etwa im 15. Jahrhundert begann das Golfspiel an der Südküste von Schottland. Allerdings ist es bei Experten umstritten, wer als Erster mit dem Golfspielen begann, denn auch in Holland und in Belgien begann man bereits vor dem 15. Jahrhundert mit einem golfähnlichen Spiel. Es wurde vor allem außerhalb der größeren Städte gespielt. Das damalige Golfspiel unterschied sich in einigen Punkten wesentlich vom heutigen:

Den Golfern stand noch keine Ausrüstung zur Verfügung. Als Schläger dienten einfache Stöcke, als Bälle Kieselsteine. Anstatt eines Platzes nutzte man die natürliche Landschaft. Der erste Golfplatz entstand in Leith, einer Stadt in der Nähe von Glasgow. Hier wurde auch der erste Golfclub gegründet. Die Mitglieder dieses Clubs nannten sich „The Gentleman Golfers of Leith" und sie waren es, die die ersten Regeln aufschrieben. Das Spiel wurde so beliebt, dass das schottische Parlament sowohl Golf als auch **Fußball** im Jahr 1457 verbot. Es sollte verhindert werden, dass das Volk die Übung im militärisch wichtigen **Bogenschießen** vernachlässigte. Die Schotten spielten jedoch trotzdem weiter. Am Anfang des 16. Jahrhunderts spielte dann auch der König von Schottland Golf. Seine Enkelin Maria, Königin von Schottland, brachte das Spiel nach Frankreich. Die jungen Männer, die ihr auf dem Golfplatz dienten, wurden als Cadets (Schüler) bezeichnet. Dieser Be-

Golflehrer mit Schülerin

griff wurde später in Schottland und England als Caddy oder Caddie übernommen.

Das Spielziel
Beim Golfen soll ein kleiner weißer Ball mit einem Schläger vom Abschlag (Tee) in ein 50 bis 500 Meter entferntes Loch befördert werden und dabei muss der Spieler möglichst wenig Schläge benötigen.

Der Golfplatz
Er besteht aus mehreren, meist neun oder 18 grünen Rasenflächen, die Bahnen oder auch Loch genannt werden, denn jede

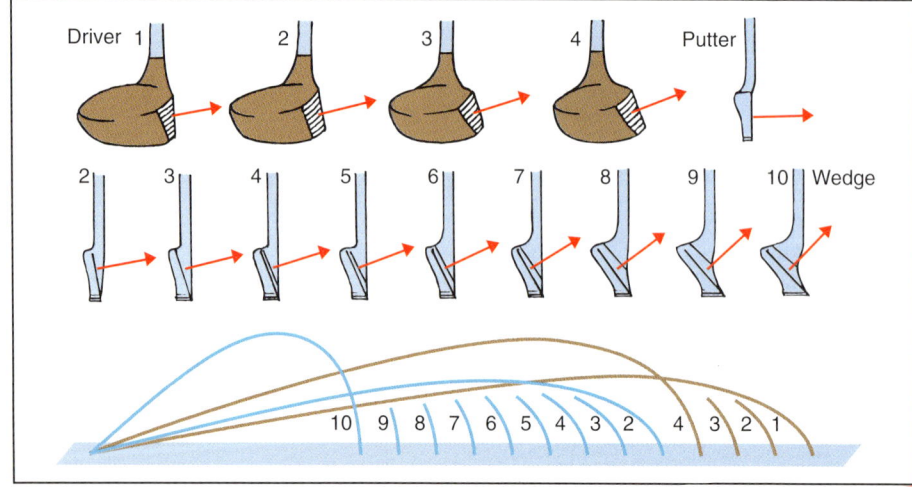

Driver 1   2   3   4   Putter

2   3   4   5   6   7   8   9   10   Wedge

10 9 8 7 6 5 4 3 2   4 3 2 1

Golfspiel

Golfball im Loch

Bahn hat ein Loch und jedes Loch eine Bahn. Jede Bahn ist etwa 100 bis 500 Meter lang. Am Anfang befindet sich der Abschlag (Tee) und am Ende das so genannte Grün, das Rasenstück um das Loch mit der Fahne, in dem der Golfball versenkt werden muss. Am Tee steht ein Schild über die Distanz und den Verlauf zum Loch nebst Zeichnung. Tees nennt man auch die kleinen Stifte, von denen die Bälle abgeschlagen werden dürfen.

Das Grün

Das Loch von 10,8 Zentimeter Durchmesser und zehn Zentimeter Tiefe ist mit einer Fahne versehen. Diese wird beim so genannten Putten, dem Einlochen, vom Grün herausgenommen. Fairway (englisch schöner Weg) ist die kurz geschorene Wiese, die ideale Strecke zwischen Abschlag und Grün. Um den Fairway herum be-

Golfspielerin beim Abschlagen

findet sich das Rough (englisch rau, grob). Es ist eine Wiese mit höherem Gras, von wo aus die Schläge schwieriger zu schlagen sind. Jenseits des Rough ist das Aus, welches durch Pfosten gekennzeichnet ist. Wer ins Aus spielt, kann an der Stelle, wo es beginnt, weitermachen, bekommt aber einen zusätzlichen Schlag zur Strafe angerechnet.

Das Handicap

Golf wird gewöhnlich über 18 Löcher gespielt. Für jedes Loch braucht ein Profigolfer je nach Länge der Bahn drei bis fünf

Schläge, also für 18 Löcher zirka 72 Schläge. Dies wird Par genannt. Das Handicap gibt an, wie viele zusätzliche Schläge ein Golfer in einem Spiel benötigen darf. Auf einem Platz mit Par 70 kann ein Spieler mit Handicap -16 (die Zahl wird mit einem Minus angegeben) also 86 Schläge ausführen, ein Spieler mit Hanidcap -12 dagegen nur 82 Schläge. Durch das Handicap lässt sich die Leistung verschiedener Golfspieler miteinander vergleichen.

Die Schläger

Eisen heißen die normalen Schläger fürs Spiel. Es gibt Eisen 2 bis 9. Der Unterschied besteht in dem Neigungswinkel der Schlagfläche. Diese ist beim Eisen 9 sehr schräg (60 Grad) und bei Eisen 2 sehr gerade. Mit Eisen 2 fliegt der Ball bei einem guten Spieler so um die 150 bis 200 Meter weit. Holz: Diese Schläger sind heute nicht mehr aus Holz, aber der Schläger-Kopf ist leichter und der Schaft länger. Sie dienen nur für sehr weite Schläge vom Abschlag. Es gibt Holz 1 bis 5. Das Holz 1 für die weitesten Schläge wird auch „Big Bertha" genannt. Putter sind die Schläger zum Einlochen auf dem Grün.

Die Bälle

Es gibt ein-, zwei- und dreischalige Bälle. In den Anfängen des Golfspiels waren Bälle glatt. Als man dann aber merkte, dass abgenutzte alte Bälle besser fliegen als die neuen, hat man künstlich kleine Vertiefungen, Dimples genannt, in die Bälle geschlagen.

Handball

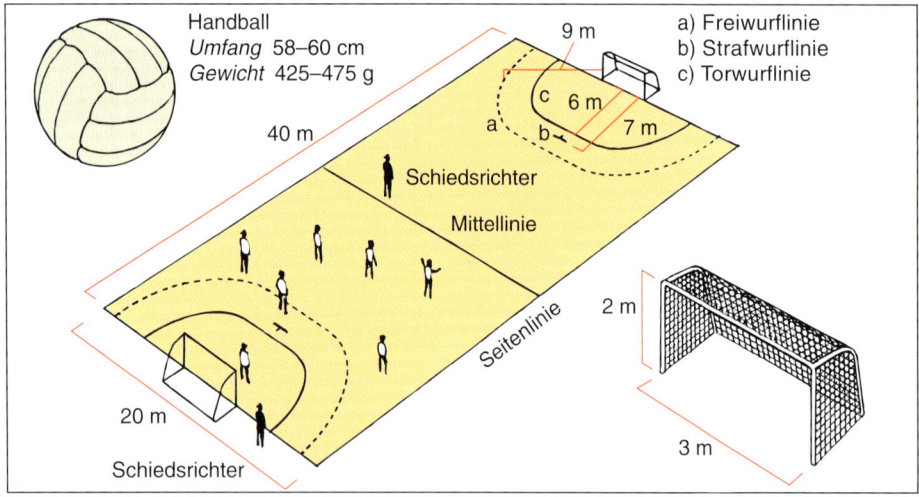

Handball
Umfang 58–60 cm
Gewicht 425–475 g

40 m

9 m

c 6 m

a

b

7 m

a) Freiwurflinie
b) Strafwurflinie
c) Torwurflinie

Schiedsrichter

Mittellinie

Seitenlinie

2 m

20 m

3 m

Schiedsrichter

Handballfeld

Handballähnliche Ballspiele sind schon aus der griechischen und ägyptischen Antike bekannt. Aber Spielidee und Regeln sind nicht mit dem heutigen Sportspiel zu vergleichen. Auch nicht das vom dänischen Turninspektor Holger Nielsen um 1900 entwickelte Kleinfeldspiel „Haandbold" kann als echter Vorläufer des heutigen Handballspiels angesehen werden. Die Entstehung des Handballs kann vielmehr als Reaktion auf das aus England im 19. Jahrhundert nach Deutschland und andere europäische Länder gekommene Fußballspiel gewertet werden. Ähnlich den Regeln des Fußballspiels wurde in Wiesbaden 1891 das Torballspiel entwickelt und den deutschen Turnspielen zugeordnet. In Königsberg gab es 1909 auf verkleinertem Feld für Mädchen und Frauen das Gegenstück zum **Fußballspiel**. Aus diesen Anre-

gungen entwickelte der deutsche Turnwart Max Heiser (1879-1921) um 1915 die Grundform des modernen Sportspiels Handball – zunächst als Torball für Mädchen und Frauen. 1917 wurde festgelegt, dass Torball künftig Handball heißen sollte. Turnlehrer Carl Schelenz (1890-1956) führte 1919 schließlich den Drei-Schritt-Rhythmus ein. 1925 gab es das erste Feldhandball-Länderspiel zwischen Deutschland und Österreich, zwei Jahre später wurden die deutschen Regeln international gültig. 1928 wurde der Internationale Handballverband (IHV)

Frauenhandball

gegründet. Das Feldhandballspiel war nur bei den Olympischen Spielen in Berlin 1936 olympische Disziplin. Bei den Olympischen Spielen in München 1972 gab es einen Neuanfang mit dem Hallenhandballspiel. 1976 wurden die Frauen zugelassen.

Das Spielziel

Beim Handball versuchen zwei Mannschaften mit je sechs Feldspielern, den Ball ins gegnerische Tor zu befördern. Dabei dürfen sie ihre Hände und den übrigen Körper, außer Unterschenkel und Fuß, einsetzen.

Das Spielfeld

Das Spielfeld ist zwischen 38 und 44 Meter lang und zwischen 18 und 22 Meter breit. Das Tor misst zwei mal drei Meter. Der Wurfkreis ist sechs Meter vom Tor entfernt. Der Ball wiegt beim Männer-Handball zwischen 425 und 475 Gramm, bei den Frauen 325 bis 400 Gramm. Er hat bei den Männern einen Umfang von 58 bis 60 Zentimetern, bei den Frauen 54 bis 56 Zentimeter. Um die beiden Tore befindet sich der so genannte Torraum, den kein Feldspieler betreten darf. Einen Halbkreis von neun Metern bildet die gestrichelte Freiwurflinie. Die Feldspieler dürfen über die Begrenzungslinie springen, müssen aber den Ball werfen, bevor sie Bodenkontakt haben.

Die Regeln

Eine Mannschaft besteht aus einem Torwart, sechs Feldspielern und fünf Auswechselspielern. Ein Spiel dauert zweimal 30 Minuten (Frauen zweimal 25 Minuten). Die Spieler müssen den Ball spätestens nach drei Sekunden abgegeben haben. Währenddessen dürfen sie nicht mehr als drei Schritte mit dem Ball in der Hand machen. Verstöße werden von den zwei Schiedsrichtern mit Freiwürfen, gelben Karten oder Zwei-Minuten-Strafen geahndet. Die dritte Zeitstrafe für einen Spieler beziehungsweise die rote Karte bedeutet den Ausschluss des Spielers. Die Mannschaft, die nach Ablauf der Spielzeit mehr Tore erzielt hat, hat gewonnen. Steht es unentschieden, wird maximal um zweimal fünf Minuten verlängert, danach entscheidet ein Siebenmeterwerfen. Bei einem Foulspiel kann ein Spieler entweder mit der gelben Karte verwarnt oder gleich für zwei Minuten des Feldes verwiesen werden. Bei kleineren Vergehen bekommt die benachteiligte Mannschaft einen Freiwurf, bei schweren Vergehen, insbesondere bei der Verhinderung einer klaren Torchance, gibt es einen Siebenmeter.

BEACHHANDBALL

1994 wurde vom deutschen Handballbund in Bartenbach die erste Beachhandball-Anlage eingeweiht. 1999 fand schließlich die erste offizielle Deutsche Meisterschaft statt. Mit drei Feldspielern und einem Torhüter werden auf einem Sandplatz zwei Halbzeiten zu je zehn Minuten gespielt. Die Sandfläche ist zwölf Meter breit und zehn Meter lang. Die Tore sind drei Meter breit. Mutige Fallwurf-Varianten und so genannte Fliegertore, bei denen der Spieler den Ball im Sprung fängt und wirft, machen das Spiel auf der sandigen Unterlage spannend und spektakulär.

Handballspieler beim Wurf auf das Tor

Hochsprung

Bei den Olympischen Spielen der Antike war der Hochsprung noch nicht vertreten. Den ersten bekannten Wettkampf gab es gegen 1840 in England. Eine Regelung, die der heutigen ähnelt wurde erst 1865 eingeführt: Pro Höhe hatte der Athlet drei Versuche, scheiterte er, war es nicht möglich, auf eine niedrigere Höhe umzusteigen. Im Hochsprung gab es während des 20. Jahrhunderts zahlreiche technische Veränderungen. Mit einem „Parallel-Rücken-Roller" übersprang George Horine 1912 als erster Mensch die zwei Meter. David Albritton galt in den 1930er Jahren als der Erfinder der Straddle-Technik (Parallel-Wälzer), die bis in die 1970er Jahre angewendet wurde. Ihn löste der Tauch-Wälzer ab, den der Sowjetrusse Valeri Brumel so verfeinerte, dass er 1963 gewaltige 2,28 Meter bewältigte. Mit seinem „Fosbury-Flop" sorgte der

Heike Henkel bei der Olympiade in Barcelona

US-Amerikaner Richard „Dick" Fosbury bei den Olympischen Spielen 1968 in Mexico für eine Revolution: Nach einem bogenförmigen Anlauf überquerte er die Latte mit Schultern und Rücken zuerst. Diese Technik hat sich bis heute durchgesetzt. Der Hochsprung zählt von Beginn der modernen Spiele an zu den olympischen Disziplinen für Männer. Frauen sind seit Amsterdam 1928 dabei.

Das Ziel

Hochsprung ist eine Disziplin in der Leichtathletik für Männer und Frauen. Durch den Sprung über eine Latte muss eine möglichst große Höhe überwunden werden.

Die Regeln

Abgesprungen wird mit einem Bein. Nach jedem Durchgang wird die Latte um mindestens zwei Zentimeter erhöht, bis nur noch ein Athlet übrig ist, der die Höhe schafft. Hochspringer können sich aussuchen, wann sie springen und wann sie aussetzen. Sie bleiben so lange im Wettbewerb, bis sie eine Höhe mit drei Versuchen nicht geschafft haben. Der höchste gültige Sprung ist dann das Ergebnis.

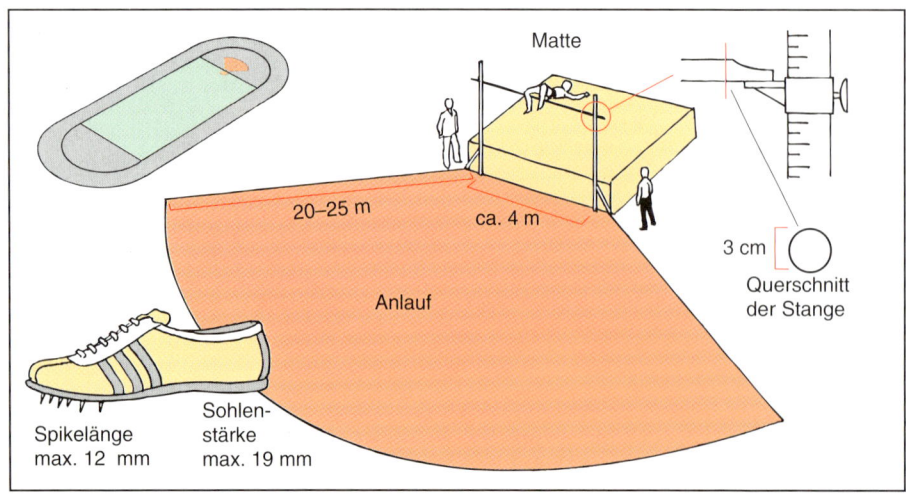

Matte

20–25 m

ca. 4 m

3 cm

Querschnitt der Stange

Anlauf

Spikelänge max. 12 mm

Sohlenstärke max. 19 mm

Hochsprung

Falls zwei Sportler die gleiche Höhe erreichen, gewinnt derjenige, der dafür weniger Versuche benötigt. Ist es dann noch immer unentschieden, ist der Teilnehmer mit den wenigsten Fehlversuchen im gesamten Wettbewerb vorn. Jeder Athlet hat drei Versuche über jede von ihm gewählte Höhe. Die Latte darf nach einem Fehlversuch nicht tiefer gestellt werden.

Ulrike Meyfarth

Ulrike Meyfarth (geboren am 4. Mai 1956 in Frankfurt a. M.), deutsche Leichtathletin, wurde 1972 Olympiasiegerin im Hochsprung mit einer Höhe von 1,92 Meter. Mit ihrem Sieg hatte niemand gerechnet – sie wurde die jüngste Leichtathletik-Goldmedaillengewinnerin aller Zeiten. Sie konnte diesen Erfolg zwölf Jahre später, im Jahr 1984, bei den Olympischen Spielen in Los Angeles wiederholen und ihre Laufbahn mit einer zweiten Goldmedaille beenden. Ulrike Meyfarth war mehrmals deutsche Sportlerin des Jahres.

Heike Henkel

Der Erfolg von Heike Henkel (geboren am 5. Mai 1964 in Kiel) begann mit ihrem Sieg über Ulrike Meyfarth bei den deutschen Meisterschaften 1984. Nach ihrem WM-Titel 1991 in Tokio wurde sie 1992 in Barcelona Olympiasiegerin. Ihre persönliche Bestleistung von 2,07 Metern (Deutsche Meisterschaften 1992 in Karlsruhe) war Hallen-Weltrekord. Er ist bis heute noch gültig.

BERÜHMTE HOCHSPRINGER

Javier Sotomayor (geboren 1967) ist ein kubanischer Hochspringer und bislang der Einzige, der bereits die Höhe eines Fußballtores (2,44 Meter) übersprungen hat. Sein Weltrekord über 2,45 Meter ist seit 1993 unangetastet.

Stefka Kostadinova (geboren 1965) ist eine ehemalige bulgarische Hochspringerin, die 1996 Olympiasiegerin wurde. Seit dem 30. August 1987 hält sie mit 2,09 Meter den Hochsprung-Weltrekord der Frauen – bis heute.

Hochspringerin

Hockey

Schon etwa 3000 Jahre vor Christus wurden in China, Persien und Indien Kampfspiele mit Schlägern und Bällen gespielt. Die ersten Überlieferungen von Vorläufern unseres heutigen Hockeys stammen aus dem Persischen Reich um 500 vor Christus. Im Mittelalter spielte man in Irland „Hurling", in Wales „Bandy" und in Schottland „Shinty". In Frankreich wurde im 12. Jahrhundert „Crosse" oder „Hoquet" gespielt, was Schäferstock bedeutet. Es wird vermutet, dass daraus das englische Wort Hockey abgeleitet wurde. Das Ziel des Spiels bestand darin, den Ball in einen abgesteckten Bereich der gegnerischen Mannschaft zu schießen. Man durfte den Ball mit dem ganzen Körper spielen, fangen und sogar einige Meter tragen. 1861 wurde im englischen Blackheath der erste Hockeyclub gegründet. Frauen gründeten schon kurz vor der Jahrhundert-

wende Ladies-Clubs. Damals wurde mit grob geschnitzten Schlägern und einem Ball, der in Wirklichkeit ein Würfel aus Hartgummi war, gespielt. Im Jahre 1875 wurden die Regeln weiter festgelegt. Von da an durften die Hände nicht mehr zum Spielen des mittlerweile kugelförmigen Balls benutzt werden und der Schläger nicht über Schulterhöhe angehoben werden. 1883 wurde die Mannschaftsstärke auf elf Spieler festgesetzt. 1886 folgte die Einführung des so genannten Schuss-Kreises. Die britische Armee verbreitete das moderne Hockey nach Indien, Pakistan und Australien, die sich alle zu führenden Hockey-Nationen entwickelten. Olympisch wurde Hockey zuerst in London 1908. Ende der 1970er Jahre fand die größte Neuerung statt. Der Naturrasen wurde vom Kunstrasen abgelöst. Das Frauen-Hockey wurde erstmals in Moskau 1980

als olympischer Wettkampf ausgetragen.

Das Spielziel

Zwei Mannschaften zu je elf Spielern versuchen mit gekrümmten Schlägern, einen Ball in das Tor des Gegners zu befördern. Es wird sowohl auf Rasen wie auch in der Halle gespielt.

Das Spielfeld

Das Feld in der Halle oder auf Kunstrasen, ist 91,40 Meter lang und 50 bis 55 Meter breit. Das Tor misst 3,66 Meter in der Breite und 2,14 in der Höhe.

Die Regeln

Eine Mannschaft besteht aus zehn Spielern und einem Torwart, der den Ball auch mit den Füßen und dem Körper spielen darf. Das Spiel dauert zweimal 35 Minuten bei Frauen und Männern. Es ist verboten, den Schläger über Schulterhöhe zu halten und nach dem Stock des Gegners zu schlagen, zu haken oder zu stoßen. Nur innerhalb des 14,63 Meter vom Tor entfernten so genannten Schuss-Kreises darf ein Treffer erzielt werden. Es gibt zwei Schiedsrichter. Die Abseitsregeln sind ähnlich denen des Fußballs (siehe Kapitel **Fußball**). Gerät der Ball über die Torauslinie, bekommt die andere Mannschaft eine lange Ecke, bei Verstößen innerhalb des Schuss-Kreises eine kurze Ecke. Bei größeren Verstößen gibt es Zeitstrafen bis zu mindestens fünf Minuten oder eine Disqualifikation (Ausschluss des Spielers). Bei ei-

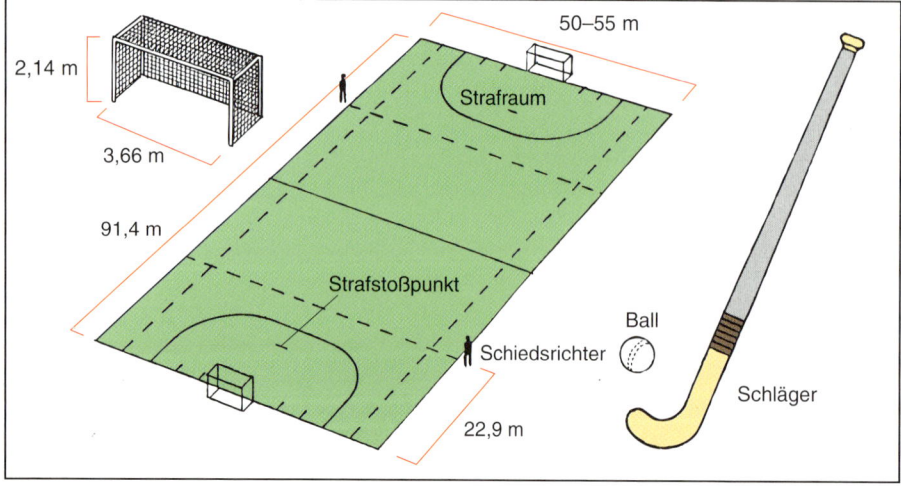

Hockeyfeld

Hockeyspieler

kugel wiegt zwischen 156 und 163 Gramm und hat einen Umfang von 22,4 bis 23,5 Zentimeter. Während die Feldspieler nur Trikot und kurze Hose tragen, sind die Torhüter durch Handschuhe, Tiefschutz, Gesichtsmaske, Beinschienen, verstärkte Kickschuhe und Brustpanzer zusätzlich geschützt.

ner kurzen Ecke, nach einem Foul oder einem anderen Regelverstoß wird der Ball von einem bestimmten Punkt, 9,14 Meter vom Torpfosten entfernt, ins Feld geschlagen und muss dort von einem Mitspieler gestoppt werden, ehe ihn der Schütze ins Tor befördern kann. Für bestimmte Verstöße gibt es den Siebenmeter, ähnlich dem Elfmeter im Fußball.

Die Ausrüstung

Der Hockeyschläger ist rund 80 Zentimeter lang und maximal 795 Gramm (für Frauen 652 Gramm) schwer. Die Länge des Schlägers ist der Größe des Spielers angepasst (bis zu 95 Zentimeter lang). Am unteren Ende des Schlägers befindet sich die Keule, die auf der einen Seite gewölbt, auf der anderen Seite glatt ist. Nur mit der glatten Seite darf der Leder- oder Plastikball (Kugel genannt) geschlagen oder geschoben werden. Diese Hockey-

Torfrau

Inlineskating

Bis ins 17. Jahrhundert geht die Geschichte des Inlineskatings zurück. Damals wurden die ersten Versuche unternommen, das Eislaufen auf dem Land nachzuahmen. 1863 wurden die ersten Rollschuhe erfunden und benutzt, da man auch im Sommer auf das Eislauf-Vergnügen nicht verzichten wollte. So wurden einfach Räder unter die Schuhe montiert. Um die vorletzte Jahrhundertwende war das Rollschuhlaufen sehr beliebt, aber durch die beiden Weltkriege geriet es etwas in Vergessenheit. Ende der 1970er und Anfang der 1980er Jahre schwappte von Amerika ausgehend der Rollerskate-Boom (Rollschuhmode) kurzzeitig auf Europa über.

Das Inlineskating geht auf die Idee eines amerikanischen Eishockeyprofis zurück, der nach Trainingsmöglichkeiten im Sommer suchte: Er konstruierte 1979 eine besondere Form der Rollschuhe, bei der er die Räder hintereinander (englisch: in line) anordnete. So entstand eine Bewegung von amerikanischen und kanadischen Eishockeyspielern, die auch im Sommer zur Vorbereitung auf die Saison ihren Sport ausüben wollten. Bald wurden in Amerika Meisterschaften durchgeführt, die heute professionell betrieben werden. Es entwickelte sich daraus ein Volkssport, der die Massen begeisterte. Auch durch verschiedene TV-Serien, die Inlineskater in Kalifornien zeigten, griff der Boom auf Europa über und hält sich bis heute.

Die Regeln der IISA (International Inline-Skating Association)

1. Trage immer die Schutz-Ausrüstung: Helm, Ellbogen-, Knie-, Handschutz.
2. Lerne, wie man stoppt.
3. Skate (laufe) immer achtsam und sei höflich.
4. Skate stets so, dass du in jeder Situation die Kontrolle behältst.
5. Laufe auf Wegen stets auf der rechten Seite.
6. Überhole Fußgänger und andere Skater immer links.

Familie beim Inlineskating

7. Meide nasse oder ölige Stellen, Unebenheiten und Schotter.
8. Befolge die Straßenverkehrsordnung.
9. Skate nie auf Verkehrsflächen mit starkem Autoverkehr.

Variationen

Beim Inlineskating unterscheidet man Speed-Skating (Geschwindigkeitsfahren), Inline-Hockey (auch Rollerhockey) und das Stunt-Skating, bei dem viele schwierige Sprünge und Tricks

TIPP

Wenn du Inline-Skating gleich richtig lernen willst – wie du effektiv schnell fährst, bremst oder rückwärts fährst – dann gehe zu einer der Inline-Schulen vom D.I.V. (Deutscher Inline-Skate Verband).

ausgeführt werden. Hier ist die Verletzungsgefahr relativ hoch. Außerdem gibt es noch das so genannte Halfpipe, das in der gleichnamigen Konstruktion in

der Halle ausgeübt wird. Für die verschiedenen Anforderungen der einzelnen Inlineskating-Arten wurden unterschiedliche Inlineskates entwickelt. Neben harten Inlineskates für das Stunt-Skating gibt es auch weiche für Personen, die nur fahren und nicht springen möchten. Rollerhockeyspieler benutzen Inlineskates mit einer kurzen Schiene, an der die Rollen befestigt sind. Speed-Skater hingegen fahren mit langen Skates.

Das Bremsen

Wenn genügend Platz vorhanden ist, kann die Geschwindigkeit verringert werden, indem man auf den Inlineskates nach und nach ausrollt, bis man zum Stillstand kommt. Es gibt jedoch auch zwei spezielle Bremsmanöver: Beim T-Stopp bremst man durch die Reibung der Rollen. Diese Technik dient auch der Kontrolle der Geschwindigkeit. Dabei wird der hintere Fuß quergestellt. Der entscheidende Nachteil dieser und ähnlicher Bremstechniken ist, dass die Rollen des Schuhs, mit dem man bremst, ungleichmäßig abgenutzt werden. Die zweite Bremstechnik nimmt den Bremsklotz (Brake Pad) zu Hilfe. Viele finden ihn störend und unpraktisch. Aber man kann damit auch aus höheren Geschwindigkeiten abbremsen. Zum Bremsen muss der Fuß mit dem Bremsklotz nach vorne. Die Ferse wird nach unten gedrückt, der Bremsklotz reibt auf dem Untergrund und man bleibt stehen.

Inlineskating

Kajak

Das Kajak ist fast so alt wie die Geschichte der Menschheit. Schon die Ureinwohner der verschiedenen Kontinente benutzten verschiedene Formen von Kajaks und „Kanadiern" (Oberbegriff Kanu), sowohl die Indianer Nord- und Südamerikas, die Ureinwohner Alaskas und Grönlands und auch die Ureinwohner Australiens. Die arktischen Regionen waren und sind die Heimat der Inuit (Eskimos). Forscher meinen, dass sie vor etwa 8000 bis 10.000 Jahren aus Sibirien nach Nordamerika eingewandert sind. Von ihren Booten stammt der heute bekannte Kajak ab. Er wurde von den Inuit zum Transport und für die Jagd benutzt. Da es in der Arktis keine Bäume gab, bauten sie ihre Boote aus Fellen. Diese wurden nach und nach verbessert bis zu den Formen, die noch heute bei den Eskimos eingesetzt werden. Im 20. Jahrhundert wurden Faltboote entwickelt, faltbare Kajaks mit einem Holz- oder Metallgerüst und mit beschichtetem Stoff bespannt.

Heute sind Kajaks aus Kunststoff oder Holz gebaut. Sie sind kleine Boote ohne Kiel und werden in Fahrtrichtung sitzend mit einem Doppelpaddel bewegt. Sie bieten Platz für eine oder zwei Personen, im Rennsport bis zu vier Personen. In allen Kanus sitzen, im Gegensatz zu den Ruderbooten, die Sportler in Bewegungsrichtung. Die Paddel sind nicht fest am Boot befestigt.

Die Technik

Kajak fahren kann man innerhalb eines einwöchigen Kurses in den Grundzügen erlernen. Je nach Talent und Anzahl der Fahrten kann man es bald zu ganz guten Ergebnissen bringen. Kajak kann man auf die unterschiedlichste Weise fahren: vom beschaulichen Fluss-Wandern über Slalom bis hin zum Fahren auf wilden Flüssen, Schluchten und Wasserfällen. Mit dem Kajakfahren sind auch gewisse Gefahren verbunden. Doch mit einer guten Mischung aus Erfahrung, Können, gutem Trainingszustand, ehrlicher Selbsteinschätzung und Vorsicht lassen sich

Skizze eines Kajaks

diese in einem kleinen Rahmen halten. Man kann auch auf dem Meer Kajak fahren, dazu braucht man aber eine besondere Ausrüstung und Kleidung sowie ein besonderes Seekajak.

Die Eskimorolle

Das ist eine wichtige Methode, um den umgefallenen (gekenterten) Kajak durch eine geschickte Hüftdrehung mithilfe des Paddels oder der Hände – ganz ohne fremde Hilfe – wieder umzudrehen.

Kajakfahrer

... und Kanu

Beim Kanu-Rennsport geht es darum, eine bestimmte Strecke auf geradem, ruhigem Gewässer zu fahren und dabei so schnell wie möglich ins Ziel zu gelangen. Die Strecke besteht aus neun Bahnen, die durch Bojen gekennzeichnet sind. International übliche Wettkampfdistanzen sind 200, 500 und 1000 Meter. In Deutschland werden außerdem auch Langstreckenrennen über 2000, 6000 und 10.000 Meter ausgetragen.

Wildwasserfahrt

Kanu-Mehrkampf

Hierbei handelt es sich in Anlehnung an den klassischen Triathlon um einen Mehrkampf, in dem neben Sportarten wie **Laufen**, **Radfahren** und **Schwimmen** auch das Kanufahren vorkommt.

Kanu-Polo

So heißt die Kanu-Ballsportart. Auf einem Spielfeld von 30 x 20 Metern spielen zwei Mannschaften mit fünf Spielern gegenei-

nander. Die Tore sind dem **Basketball** ähnliche Hängetore und befinden sich zwei Meter über der Wasseroberfläche.

Kanu-Segeln

Das ist eine Wettkampf-Sportart, die eng an das **Segeln** angelehnt ist. Im Gegensatz zu den Segeljollen haben die beiden im Kanu-Segelsport verwendeten Bootsklassen, „Taifun" und „International Canoe" genannt, aber ein Spitzheck (wie das Kanu) und kein Spiegelheck (wie bei Segelbooten) üblich.

Kanu-Slalom

Dabei müssen die Sportler eine durch Tore vorgeschriebene Strecke auf bewegtem, schnell fließendem Wasser in kürzester Zeit möglichst fehlerfrei fahren. Beim

Kanu-Slalom sind Kraft, Geschicklichkeit und Reaktionsfähigkeit gefragt.

Wildwasserrennen

Das sind Wettkämpfe mit dem Ziel, eine Strecke auf einem mehr oder weniger wilden Fluss in möglichst kurzer Zeit zu durchfahren. Es gibt keine Tore oder Fehlerpunkte, allein die Fahrzeit zählt.

Slalomwettbewerb

DRACHENBOOT-SPORT

Drachenboote sind ohne Kopf und Schwanz des Drachens 12,49 Meter lang, 1,16 Meter breit, 250 Kilogramm schwer und werden mit so genannten Stechpaddeln fortbewegt. Ein nach überlieferten Motiven gefertigter Drachenkopf ziert die Spitze, am Heck ist ein Drachenschwanz befestigt. Bis zu 20 Paddler, die paarweise auf Bänken nebeneinander sitzen, bewegen das Boot vorwärts.

Bushido ist der Sammelbegriff für alle japanischen Kampfkünste, die durch das Üben und Ausführen von bestimmten Kampftechniken ein körperliches und geistiges Ideal anstreben. Dazu gehören zum Beispiel Kendo, Aikido, Kyudo, Judo und Karatedo.

Die Geschichte

Der Ursprung vieler asiatischer Kampfsportarten ist Kung Fu. Es entstand vor etwa 1500 Jahren. Damals suchten Mönche eines Shaolin-Klosters nach einer Möglichkeit gesund zu bleiben, um

Kampfsportler beim Zerschlagen eines Brettes

Kampfsport

genügend Ausdauer für ihre langen Meditationen zu haben. So machten sie gymnastische Übungen und lernten Atemtechniken, um ihre Konzentration zu verbessern. Schließlich kamen nach und nach verschiedene Kampfmethoden hinzu. Dazu beobachteten die Mönche die Tiere und machten sich deren unterschiedliche Verteidigungsstrategien zu Eigen. Heute gibt es etwa 2000 verschiedene Kung-Fu-Stile, die alle sehr unterschiedlich sind. Würfe, Körperdrehungen, Sprünge, Radschlagen und Überschläge sind von Stil zu Stil verschieden. Einzelne Stilrichtungen wurden weiterentwickelt und es entstanden Kampfsportarten wie Judo, Karate, Aikido oder Taekwondo. Taekwondo kommt aus Korea, Judo, Karate und Aikido haben ihren Ursprung in Japan.

Karate

Im Karate-Do spiegelt sich die fernöstliche Philosophie wider.

Übersetzt bedeutet Karate-Do so viel wie „der Weg der leeren Hand". Im wörtlichen Sinn heißt das: der Karateka (Karatekämpfer) ist waffenlos, seine Hand ist leer. „Kara" (leer) bezeichnet aber auch einen bestimmten Anspruch an den Karatekämpfer. Danach soll er sein Inneres von negativen Gedanken und Gefühlen befreien, um überall und jederzeit richtig handeln zu können.

Das Ziel

Nicht Sieg oder Niederlage sind das eigentliche Ziel, sondern die Entwicklung und Entfaltung der eigenen Persönlichkeit durch Selbstbeherrschung und äußerste Konzentration. Die Achtung des Gegners steht an oberster Stelle. Im Training und Wettkampf werden Fuß- und Faust-stöße vor dem Auftreffen abge-

stoppt. Voraussetzung dafür ist Selbstdisziplin, Verantwortungsbewusstsein gegenüber dem Partner und natürlich eine gute Körperbeherrschung, die im Kihon (Grundschule) systematisch aufgebaut wird. Der Karateka trainiert Kraft, Ausdauer, Schnelligkeit und Beweglichkeit. Mit Entspannungstechniken, Atemübungen und Meditation steigert er seine Konzentrationsfähigkeit und schult die eigene Körperwahrnehmung.

Selbstverteidigung

Viele Karateka üben ihren Sport aus, um sich im Notfall selbst verteidigen zu können. Kraft und körperliche Statur spielen in der

Kampfsportler

Kampfsportübung

"der sanfte Weg". Die Techniken des Judo umfassen rund 60 Würfe. Das heißt natürlich, dass man lernen muss, hinzufallen, ohne sich weh zu tun. Deshalb gehört eine sorgfältige Fall-Schule zum Ausbildungsprogramm. Außerdem lernen die Sportler verschiedene Haltegriffe.

Aikido

Aikido ist dem Judo ähnlich, aber es geht nicht in erster Linie um einen Sieg. Aikido bedeutet übersetzt "Sieg durch Frieden". Im Kampf sollen die Sportler zwar ihre Angst vor dem Gegner verlieren und gleichzeitig keine aggressiven Gefühle zulassen.

Karate-Selbstverteidigung nur eine untergeordnete Rolle. Wichtiger sind Schnelligkeit, Geschicklichkeit und Gelassenheit. Deshalb vermitteln spezielle Lehrgänge neben technischen Fertigkeiten auch die psychologischen Elemente der Selbstbehauptung und Selbstverteidigung. Diese Aspekte machen Karate insbesondere für Frauen und Mädchen interessant.

Taekwondo

Taekwondo ist eine moderne Version der traditionellen asiatischen Selbstverteidigungskünste, bei der die Fußtritt-Techniken im Vordergrund stehen. In einfacher Übersetzung bedeutet Taekwondo: Tae – Springen, Stoßen oder Schlagen mit dem Fuß, Kwon – das Schlagen oder Stoßen mit der Hand oder Faust, Do – wird im Allgemeinen mit Weg übersetzt.

Judo

Judo ist die entschärfte Form des alten Jiu-Jitsu, das heute wieder zur Selbstverteidigung gelehrt wird. Durch das Weglassen von allen gefährlichen Schlag- und Stoßtechniken entstand Judo,

Kendo

Kendo ist die Fechtkunst der japanischen Samurai. Gekämpft wird mit dem Shinai, einer Schwertattrappe aus Bambus. Anfänger üben zunächst die Grundtechniken. Später wird eine Rüstung getragen, die Kopf, Brust und Unterarme schützt und gleichzeitig als Trefferfläche für verschiedene Schlag- und Stoßtechniken dient.

Kyudo

Kyudo bedeutet übersetzt "der Weg des Bogens", es bezeichnet das japanische Bogenschießen. Kyudo wird mit einem etwa 2,27 Meter langen Bogen ausgeübt, bei dem sich das Griffstück im unteren Drittel des Bogens befindet. Es gibt keine Visiere, Pfeilauflagen oder stabilisierenden Gewichte, wie sie bei Sportbögen benutzt werden.

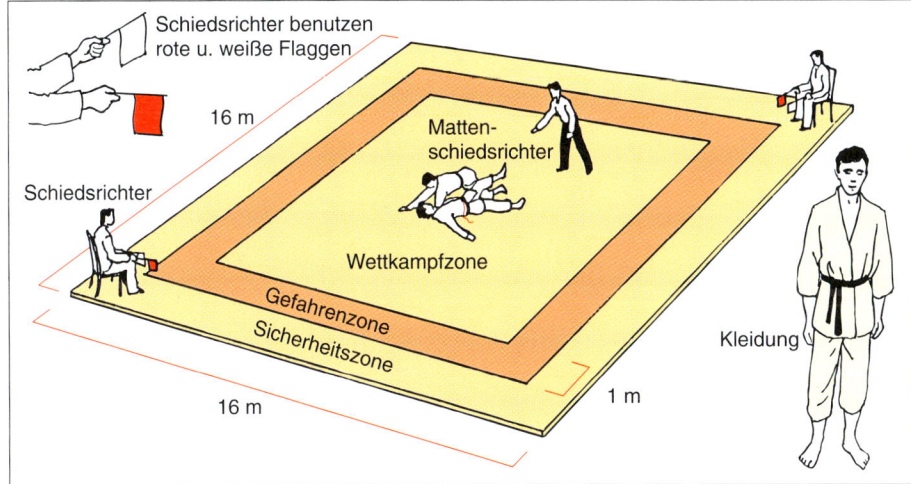

Kampfmatte

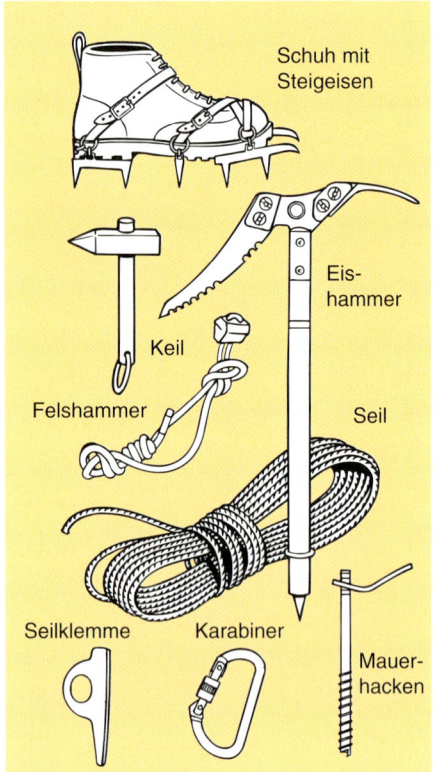

Kletterausrüstung

Klettern

rüstung (Eispickel, Steigeisen, Seil) und sehr gute Kenntnisse über Sicherung und Bergung.

Die Geschichte

Die ersten Bergsteiger waren hauptsächlich Forscher. Naturwissenschaftler untersuchten die Pflanzen- und Tierwelt, Mediziner erforschten die Wirkung der Höhe auf den menschlichen Körper. In der Zeit zwischen 1750 und 1770 begann die Eroberung der Gebirge durch die Menschen, welche beispielsweise die Alpen als Erholungsgebiet entdeckten. Zunächst hielt man sich nur in den Tälern auf, nach und nach drangen die Menschen aber in immer größere Höhen vor. Der Gipfel des Matterhorns in der Schweiz wurde schließlich im Jahre 1865 bestiegen. Danach begann eine neue Ära des Bergsteigens, in der die Bergsteiger alle Gipfel in 5000, 6000, 7000 und 8000 Meter Höhe bezwangen. 1953 wurde der höchste Berg der Erde, der Mount Everest im Himalaja mit einer Höhe von 8848 Metern, bestiegen. Mittlerweile geht es nicht mehr darum, den Gipfel zu erreichen, sondern um den Schwierigkeitsgrad der gewählten Anstiegsroute zur Bergspitze.

Die Ausrüstung

Außer beim freien Klettern wird in jedem Fall eine wetterfeste Ausrüstung benötigt, die zumin-

Bergsteigen und Klettern wird hauptsächlich im Gebirge ausgeübt. Dabei geht es um das Überwinden größerer Höhenunterschiede in wegloser Gebirgslandschaft, aber auch auf schmalen Wegen oder Steigen. Der Begriff Bergsteigen ist nicht klar festgelegt, denn oft wird auch die Kombination von Bergwandern und leichten bis mittelschweren Kletterpartien so genannt, etwa bei Höhenwanderungen. Andere verstehen unter dem Bergsteigen eher das Klettern selber, während die Wanderung bis zum Einstieg in den Fels als Anstieg bezeichnet wird. Bergtouren, die über Gletscher oder ganzjährig eisbedeckte Gebiete führen, werden als Hochtouren bezeichnet. Sie erfordern entsprechende Aus-

Kletterer in der Wand

dest aus Rucksack, Anorak, festen Bergschuhen oder Kletterschuhen mit griffiger Sohle, Getränken und Proviant besteht. Wenn die Möglichkeit eines Wettersturzes (plötzliches Abfallen der Temperatur) besteht, was ab Zwei- oder Dreitausendern sehr oft der Fall ist, empfiehlt sich auch bei Schönwetter die Mitnahme von warmer Reservekleidung und Socken, Mütze und Handschuhen sowie einer Taschenlampe. Für ein eventuelles Übernachten im Freien sollte man zusätzlich einen Biwaksack, eine Isomatte und einen kleinen Kocher mit Suppenwürfeln einpacken. Wichtig sind auch Sonnenbrille und Sonnencreme, denn die Sonnenstrahlung ist im

BERÜHMTE BERGSTEIGER

Sir Edmund Hillary (geboren am 20. Juli 1919 in Auckland) ist ein neuseeländischer Bergsteiger. Zusammen mit dem Sherpa Tenzing Norgay gelang ihm am 29. Mai 1953 die Erstbesteigung des Mount Everest, des höchsten Bergs der Erde (8848 Meter hoch). Wenige Monate später wurde er von Königin Elizabeth II. von Großbritannien zum Ritter (Sir) geschlagen. Bei weiteren Expeditionen in den 1950er und 1960er Jahren bestieg er zahlreiche weitere Himalaja-Gipfel.

Reinhold Messner (geboren am 17. September 1944 in Brixen) ist Extrembergsteiger, Abenteurer und Autor zahlreicher Bücher über seine Expeditionen. Als erster Bergsteiger bestieg er 1978 mit dem Österreicher Peter Habeler den Mount Everest ohne Sauerstoffgerät, zwei Jahre später sogar als Erster im Alleinaufstieg. Reinhold Messner hat außerdem als erster Mensch alle 14 Achttausender der Erde bestiegen.

Kletterer beim Aufstieg

Gebirge viel stärker als im Flachland. In den Rucksack gehören außerdem ein Taschenmesser, Reservehandschuhe, Bleistift und Papier, ein Erste-Hilfe-Set mit Rettungsdecke, Kartenmaterial, Höhenmesser und ein Handy für Notfälle. Für das Bergsteigen im Fels sind außerdem Steigeisen, Haken und spezielle Seile nötig.

Die Planung

Eine wesentliche Voraussetzung zur sicheren und erlebnisreichen Durchführung einer Bergwanderung ist die sorgfältige Tourenvorbereitung. Dadurch lassen sich viele Gefahrenquellen bereits im Vorfeld ausschließen. Vorkenntnisse über die Besonderheiten eines Gebietes ermöglichen das gezielte Aufsuchen und erleichtern die Orientierung im Gelände. In vielen

Urlaubsorten werden auch geführte Bergtouren angeboten und es gibt zudem spezielle Ferienlager für Kinder, in denen sie das Bergsteigen lernen können.

Klettern oder Freeclimbing

Freeclimbing ist eine Art des Bergsteigen bei der der Kletterer keine künstlichen Hilfsmittel benutzt, um auf den Gipfel zu gelangen oder eine Felsenwand hinaufzukommen. Die einzige Ausrüstung sind die eigenen Hände und Füße und andere Körperteile. Erlaubt sind allerdings Seile zur Sicherung.

Kletterer beim Abstieg

Kricket

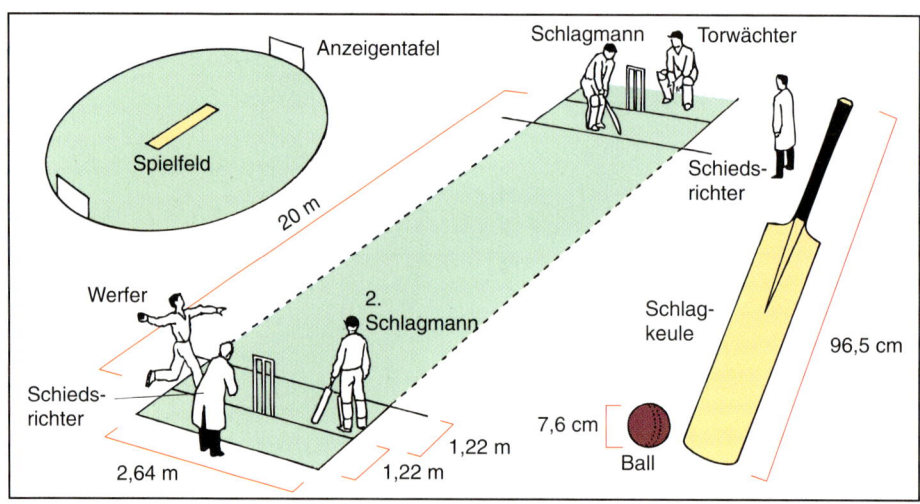

Kricketfeld

Die Herkunft des Kricket lässt sich nicht genau festlegen. Die eine Theorie besagt, dass das Wort Kricket aus dem angelsächsischen Wort Cricce kommt und so viel bedeutet wie Crooket Staff, übersetzt „krummer Stab". Die andere Theorie meint, dass das Wort Kricket aus dem Flämischen oder Holländischen Criquet entstanden ist. Das ist eine Art Stuhl in der Kirche, auf dem man niederkniet und der in Großbritannien Cricket genannt wird. Dieser Stuhl sieht im Profil fast so aus wie die Abschlagstellen beim frühen Kricket. Der erste sichere Hinweis auf das Spiel findet sich in einem Dokument aus dem Jahre 1478 und bezieht sich auf Criquet in der Nähe von St. Olmer im nordöstlichen Frankreich. Das erste urkundlich nachgewiesene Kricketspiel fand 1646 in Coxheath in Kent, England, statt.

Die Grundregeln

Die Regeln im Kricket gelten allgemein als äußerst kompliziert. Die wichtigsten Grundzüge des Spiels sind aber durchaus überschaubar.

Kricket ist ein Mannschaftssport und wird mit zwei Teams mit jeweils elf Spielern gespielt. Ein normales Spiel kann zwischen einem Nachmittag und mehreren Tagen dauern. Obwohl der Spielablauf und die Regeln sehr unterschiedlich sind, ist das Grundkonzept von Kricket und Baseball gleich. Das beginnende Team schlägt so oft wie möglich in seinem Durchgang (Inning) den Ball und versucht, so viel Läufe (Runs) wie möglich zu machen, um Punkte zu erhalten. Das gegnerische Team spielt im Feld (Field) und versucht, den Durchgang des anderen Teams zu beenden. Nachdem jedes Team die gleiche Anzahl an Durchgängen gespielt hat, gewinnt das Team mit den meisten Läufen.

Das Spielfeld

Das Spielfeld ist ein ellipsenförmiges, mit Gras bewachsenes Feld. Die Größe des Feldes kann zwischen 90 und 150 Metern im Durchmesser betragen oder auch noch größer sein. Es gibt keine festgelegte Größe oder Form für das Spielfeld. Begrenzt wird das Spielfeld durch eine Bande oder andere gut sichtbare Markierungen. In der Mitte des Spielfeldes ist das Pitch, ein rechteckiger Teil des Spielfeldes mit kurzem, platt gerollten Gras. Es ist markiert mit weißen Linien, genannt Creases.

Das Spielziel

Das Spiel beginnt mit dem Bowling of Balls (Werfen des Balls). Das unterliegt ganz bestimmten Regeln. Der Bowler (Werfer) muss den Ball mit geradem Arm und durchgedrücktem Ellbogen über den Kopf bowlen. Dadurch kommt die gesamte Energie aus der Rotation des Armes und der Schulter. Das Feldteam verteilt sich über das Feld, um das Schlagteam am Punkten zu hindern oder einen Schlagmann ins Aus zu bringen. Um zu punkten, muss der Schlagmann den Ball weit wegschlagen, damit er genügend Zeit hat, von der einen Seite des Pitches zur anderen zu laufen. Jeder Lauf (Run) bringt einen Punkt. Ist der Ball vom Feldteam wieder zurück zum Pitch gespielt, muss der Schlagmann am Ende des Pitches stehen. Ist der Ball zurück und der Schlagmann ist noch am Laufen, ist er

Männer beim Kricketspiel

raus. Ein Schlagmann kann auch ausscheiden, wenn er den Ball mit dem Schläger nicht trifft oder das Wicket umstößt. Das Wicket steht jeweils an einem Ende des Pitch und besteht aus drei senkrechten Holzstäbchen, die oben quer verbunden sind. Es muss vom Batsman, dem Schlagmann verteidigt werden. Dann kommt der nächste Spieler des Schlagteams auf das Feld. Sind alle Spieler des Schlagteams ausgeschieden, ist ihr Durchgang zu

Ende und das Feldteam wird jetzt zum Schlagteam.

Austragungsformen

Test Kricket ist eine spezielle Form des internationalen Spiels und wird über drei Tage ausgetragen. Die Form des Test Kricket auf nationaler Ebene wird First-Class Kricket genannt und dauert mindestens drei Tage.

Aufgrund der Übertragung im Fernsehen wurde ein kürzeres Format, das One-Day-Kricket, eingeführt.

SCHUTZKLEIDUNG

Das wichtigste Schutz-Bekleidungsstück sind die Pads, sie schützen die Beine des Batsman (Schlagmannes) vor dem mit sehr hoher Wucht auftreffenden Ball. Zusätzlich sollte der Batsman einen Helm und Handschuhe tragen sowie eine so genannte Box, die die Geschlechtsorgane schützt.

Kugelstoßen

Schon der griechische Schriftsteller Homer schrieb im 8. Jahrhundert vor Christus über Steinstoß-Wettbewerbe von Soldaten während einer Belagerung. Im 16. Jahrhundert war Heinrich VIII. für sein besonderes Können im Gewicht- und Hammerwerfen bekannt und im 17. Jahrhundert organisierten englische Soldaten Wettbewerbe im Kanonenkugel-Weitwurf. Feste Regeln für das Kugelstoßen wurden erst 1860 eingeführt. Von diesem Zeitpunkt an wurde aus einer sieben Fuß (2,13 Meter) großen, quadra-tischen Fläche herausgestoßen. Das Gewicht der Kugel wurde auf 16 Pfund (7,257 Kilogramm) festgelegt. Im Jahr 1906 wurde das Quadrat durch einen Ring ersetzt. Bis in die 1950er Jahre war es üblich, mit seitlichen Schritten Schwung für den Stoß zu nehmen. Dann erfand Parry O'Brien eine neue Technik, bei der er sich mit dem Rücken zum Absprung-balken stellte und in den Anlauf eine 180-Grad-Drehung einbaute. So gelang es ihm, als erster Athlet mehr als 18 Meter zu stoßen. 1976 revolutionierte Aleksandr Baryshnikov das Kugelstoßen durch die Erfindung der Dreh-Stoß-Technik, eine Technik ähnlich der des **Diskuswerfens**. Durch Rotation (Drehung um die eigene Achse) wird der Körper stark beschleunigt und die Kraft anschließend auf die Metallkugel übertragen. Die meisten Athleten arbeiten noch heute mit dieser Technik. Frauen durften erstmals 1917 in Frankreich an einem offiziellen Wettkampf teilnehmen. Olympische Disziplin war Kugelstoßen schon 1896, für Frauen ab 1948.

Die Regeln

Die Kugel (7,257 Kilogramm für Männer oder vier Kilogramm für Frauen) wird aus einem Wurfkreis von 2,135 Meter Innendurchmesser gestoßen, der nicht vor dem Aufprall der Kugel verlassen werden darf. Mit einer vorher festgelegten Qualifikationsweite kommen mindestens zwölf Sportler in den Vorkampf. Nach drei Versuchen bestreiten die acht Besten mit nochmals drei Versuchen den Endkampf.

Die Technik

Kugelstoßen erfordert hohe Koordinationsfähigkeit und enorme Schnellkraft. Die Kugel wird auf die Fingerwurzeln der Wurfhand gelegt und seitlich neben dem Kinn am Hals gehalten. Für den Schulsport und das Lernen des Kugelstoßens empfehlen Sportwissenschaftler den Standstoß oder den Stoß mit Nachstellschritt. Dabei wird der Oberkörper nur leicht geneigt

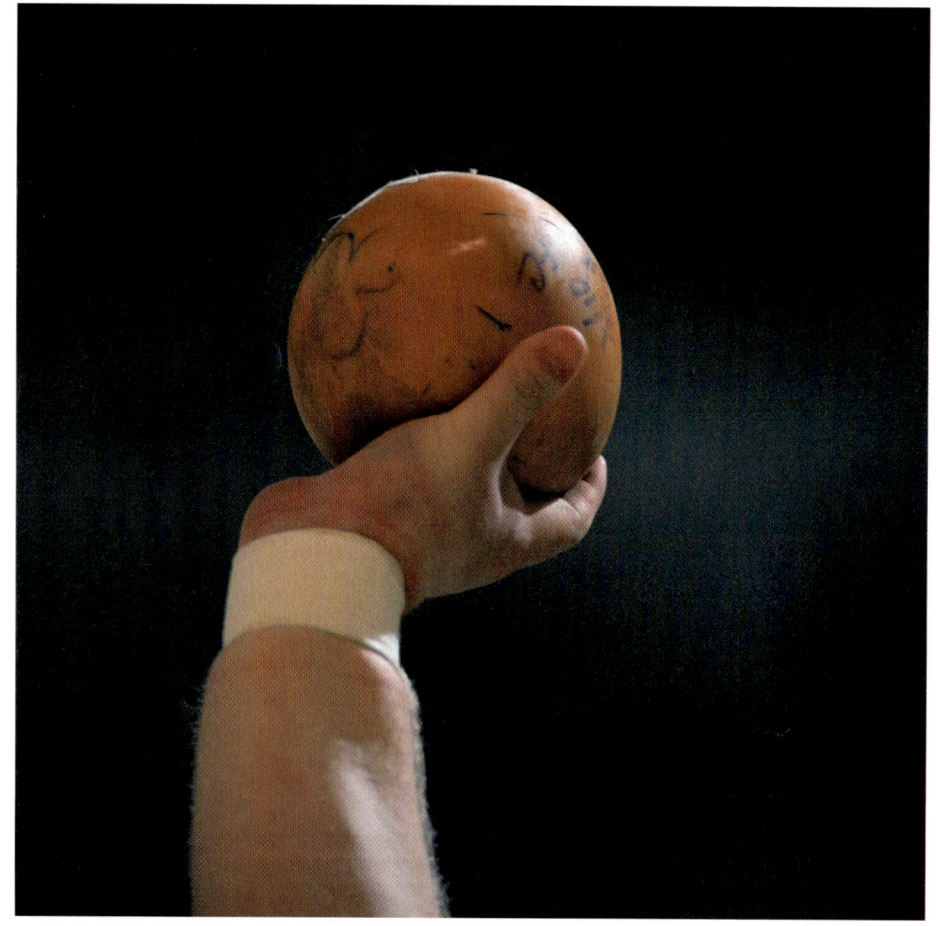

Kugel

und bewegt sich in einer Streck-Dreh-Bewegung mit Beinunterstützung von einer seitlichen Grundposition in Richtung Abwurf. Davon unterscheidet sich die Rückenstoß- oder Angleittechnik: Hierbei dreht sich der Athlet in stark gebeugter Haltung mit dem Rücken zur Stoßrichtung ein und dreht sich in einem flüssigen Bewegungsablauf in die gestreckte Abwurfphase, wobei ein Bein während der Halbdrehung zusätzlichen Schwung verleiht. Während des Abwurfs wird das Gewicht auf das Schwungbein verlagert.

Bei der Dreh-Stoß-Technik vollführt der Athlet eine anderthalbfache Drehung, bei der das Gewicht von einem Bein auf das andere verlagert wird. Die durch die Drehung verursachte Beschleunigung des Körpers wird auf die Kugel übertragen. Diese Technik kann für besonders schwere Athleten von Vorteil sein, ist aber auch die technisch anspruchsvollste. Generell eignet sich das Angleiten mehr für große athletische Sportler, der Drehstoß für etwas kleinere, aber schwere Werfer.

Nadine Kleinert beim Abwurf

Das Doping-Problem

Dass im Leistungssport seit Jahrzehnten mit Doping gearbeitet wird, ist bekannt. Besonders in der Leichtathletik gibt es immer wieder Skandale, wenn herauskommt, dass Spitzenathleten unerlaubte Mittel zur Leistungssteigerung genommen haben. Im Kugelstoßen war lange Zeit ein Platz an der Spitze nur durch Anwendung anaboler Steroide (männliche Hormone) möglich. Allen drei Medaillengewinnern der Olympischen Spiele 1992 wurde Doping nachgewiesen, sogar dem Inhaber des noch gültigen Weltrekords.

Langlauf

Die Nutzung von Skiern zur Fortbewegung lässt sich mehrere tausend Jahre zurückverfolgen. Nachweise über den nordischen Skisport gibt es bereits seit der Mitte des 16. Jahrhunderts. Um 1550 fanden die ersten Langlauf-Wettbewerbe in Norwegen statt. Vor rund 150 Jahren begann man ebenfalls in Norwegen, mit Skiern zu springen. Olympisch ist der nordische Skisport seit den ersten Winterspielen in Chamonix 1924 mit den Disziplinen Nordische Kombination, einem Skispringen und zwei Langläufen über 18 und 50 Kilometer. 1956 kam der 30-Kilometer-Lauf hinzu und aus den 18 wurden 15 Kilometer. Die 4x10-Kilometer-Staffel gibt es seit Garmisch-Partenkirchen 1936, das Springen von der

Langläufer beim Wettkampf

Großschanze seit Innsbruck 1964 und das Mannschaftsspringen seit Calgary 1988. Skispringen und Nordische Kombination sind reine Männer-Sportarten. Die Frauen starteten olympisch in Oslo 1952 mit einem Zehn-Kilometer-Langlauf. In den 1980er Jahren setzte sich eine neue Fortbewegungstechnik, das so genannte Skating, durch. Seitdem gibt es Wettbewerbe entweder im klassischen Stil, das ist die parallele Skiführung in einer gespurten Loipe, oder im freien Stil (üblicherweise Skating).

Die Loipe

Als Loipe oder Langlaufloipe bezeichnet man die maschinell vorbereitete Fläche für die Wintersportart Skilanglauf. Für die verschiedenen Langlaufstile gibt es sehr unterschiedliche Variationen. Für die klassische Art des Langlaufes werden vorab Spurrillen in den Schnee gedrückt, um für die Langlaufskier eine Führung zu haben. Für den Langlaufstil Skating braucht man nur einen etwa vier Meter breiten gewalzten Schneestreifen.

Übergabe zwischen zwei Läufern beim Staffelwettbewerb

Langlauf

Massenstart

NORDISCHE SKI

Das Besondere an nordischen Skiern ist, dass sie eine Bindung haben, bei der nur die Schuhspitze festgemacht wird, die Ferse aber frei bleibt. Langlaufskier sind schmale, lange Skier, die vorwiegend zum Laufen auf ebener Strecke verwendet werden. Abfahrten und insbesondere das Fahren von Kurven ist nicht besonders gut möglich. Die Länge des Skis sollte etwa von null bis 20 Zentimeter über der Körperlänge liegen. Renn-Skier sind besonders schmal (drei bis fünf Zentimeter), ohne Stahlkanten und können nur auf der Loipe verwendet werden. Sprung-Skier sind besonders breit (bis zu 20 Zentimeter) und werden mit Längen um 2,50 Meter verwendet. Sie sind nur für die Benutzung von Sprungschanzen geeignet.

Weltcup

Jedes Jahr findet in der Wintersaison von Dezember bis März der Skilanglauf-Weltcup statt. Ein Punktesystem bestimmt die Weltcup-Gesamtwertung. Alle zwei Jahre finden die nordischen Ski-Weltmeisterschaften statt mit den Disziplinen Skilanglauf, Nordische Kombination und Skispringen.

Olympia

Bei den **Olympischen Spielen** werden im Skilanglauf der Männer Wettbewerbe über zehn, 15, 30 und 50 Kilometer Länge ausgetragen. außerdem ein Sprint über 1,5 Kilometer und ein Staffelwettbewerb über 4x10 Kilometer. Frauen legen Distanzen von fünf, zehn, 15 und 30 Kilometer zurück und bewältigen im Staffelwettbewerb 4x5 Kilometer. Zu den Wettkämpfen gehören auch der Massenstart, bei dem alle Teilnehmer gleichzeitig starten.

Jagdstart

Beim so genannten Jagdstart wird der Sieger durch zwei Rennen an aufeinander folgenden Tagen ermittelt. Am zweiten Tag starten die Läufer in der Reihenfolge und mit dem zeitlichen Abstand des ersten Laufes. Der Gewinner des ersten Tages startet als Erster und wird von den Verfolgern sozusagen gejagt. Sieger des Jagdrennens ist derjenige, der am zweiten Tag als Erster das Ziel überquert.

Nordische Kombination

Sie besteht aus Skispringen und Skilanglauf. In der Nordischen Kombination werden verschiedene Wettbewerbe ausgetragen. Dies sind Einzel, Sprint, Massenstart, Staffel und Team-Sprint.

Die ersten geschichtlich nachgewiesenen Laufsport-Veranstaltungen gab es im antiken Griechenland (800 bis 500 vor Christus). Bilder auf Gefäßen zeigen, dass zum Laufstil beim Sprint ein weites Ausholen mit den Armen gehörte, während man über lange Strecken so ähnlich lief wie heute. Obwohl er seinen Namen von der griechischen Stadt Marathon hat, gab es in der Antike noch keinen Marathonlauf. Denn er geht auf eine Idee von Michel Bréal und Baron de Coubertin

Laufen

zurück. Letzterer führte diese Disziplin bei den ersten Olympischen Spielen der Neuzeit 1896 ein und wollte damit an die überlieferte Geschichte erinnern, in der ein Bote nach der Schlacht bei Marathon 490 vor Christus die Nachricht vom Sieg über die Perser im Laufschritt nach Athen brachte und nach seiner Ankunft tot zusammenbrach.

Was ist Laufen?
Der Begriff Laufsport fasst sämtliche Sportarten zusammen, bei denen die natürliche menschliche Bewegung des Laufens, zumindest auf eine bestimmte Entfernung, technisch verbessert eingesetzt wird. Dabei trainiert man Geschwindigkeit und Ausdauer. Laufen ist eine der Hauptgruppen der **Leichtathletik** (neben Springen, Werfen, Stoßen und Gehen) und die Grundlage der meisten anderen Sportarten.

Sprint
Beim Lauf über kürzere Entfernungen bis 400 Meter, dem so genannten Sprint, setzt man zuerst mit dem Fußballen auf, um sich dann explosionsartig abzustoßen. Diese Lauftechnik garantiert hohe Beschleunigung, aber sie belastet den Bewegungsapparat, insbesondere die Kniegelenke so stark, dass sie für lange Strecken nicht geeignet ist.

Ausdauerlaufen
Läufe über große Distanzen, beispielsweise ein Marathon über 42 Kilometer, erfordern einen starken Willen und gute Vorbereitung. Beim Ausdauerlauf ist es wichtig, sein persönliches Wohlfühl-Tempo zu finden und sich nicht zu verausgaben. Sonst muss der Lauf wegen Muskelermüdung durch Milchsäurebildung abgebrochen werden. Viele Anfänger machen den Fehler, sofort zu schnell loszulaufen. Wer sich in diesem Sport üben möchte, sollte die Distanz erst einmal langsam laufen und die Ge-

Jogger

Läuferin beim Training

den kann. Vor den Zehen sollte bis zu einer Daumenbreite Platz sein, weil sich der Fuß beim Laufen ausdehnt und dadurch sowohl länger als auch breiter wird. Das Material der Schuhe sollte leicht und zumindest teilweise luftdurchlässig sein, denn auch Schweißfüße können das Entstehen von Blasen begünstigen. Die Sohle sollte leicht federn und elastisch sein. Für Sprint und Staffel gibt es spezielle Schuhe mit kleinen Stacheln an der Sohle, den so genannten Spikes.

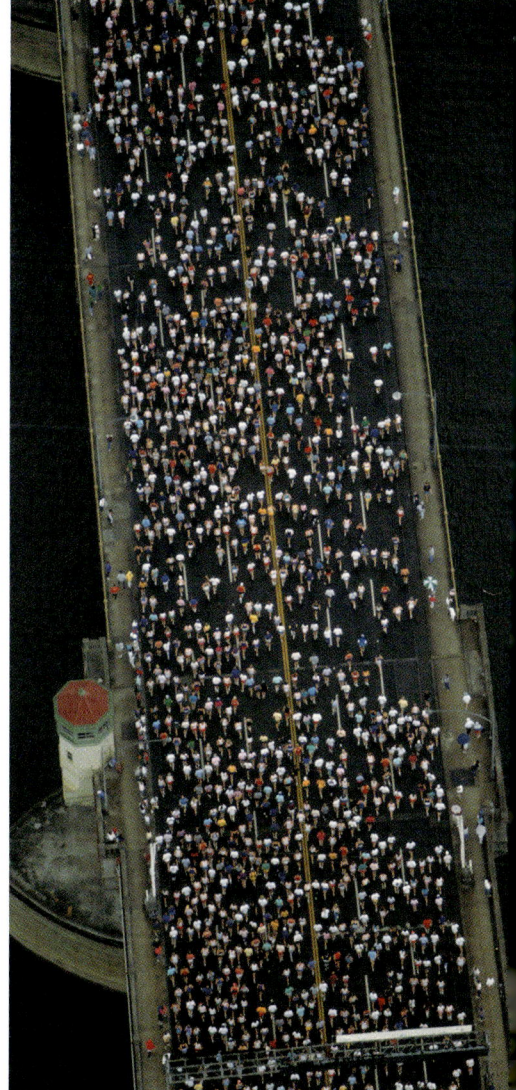

schwindigkeit allmählich steigern bis zum Wohlfühl-Tempo. Vor dem ersten Marathon sollte man mindestens ein bis zwei Jahre regelmäßig laufen (drei bis fünf Mal die Woche), damit Gelenke, Seh-

nen und Knochen genügend Zeit haben, sich an diese lange und hohe Belastung langsam anzupassen.

Die Ausrüstung

Die Schuhe müssen dem Fuß seitlich einen guten Halt bieten und den Fuß fest umfassen, um schmerzhafte Blasen an der Ferse zu vermeiden. Doch der Fuß darf nicht zu fest eingeschnürt sein, da sonst die Gefahr besteht, dass sich das Blut in den Zehen staut, was sehr schmerzhaft wer-

VARIATIONEN

Beim Jogging läuft man einen Trab mit kurzen Schritten, was zwar die Knie belastet, aber auch über lange Distanzen gehalten werden kann. Walking ist im Prinzip normales Gehen, dabei muss immer ein Fuß auf dem Boden stehen. Nordic Walking bezeichnet das Gehen mit Wanderstöcken. Der Staffellauf hingegen, bei dem sich mehrere Läufer abwechseln, indem sie ein Staffel-Holz übergeben, ist eine klassische Disziplin des Laufsports (siehe auch Leichtathletik).

Marathonveranstaltung

Leichtathletik

Leichtathletik ist der Oberbegriff für verschiedene Lauf-, Sprung- und Wurfdisziplinen. Sie ist neben dem **Schwimmen** eine der wichtigsten Sportarten der Olympischen Sommerspiele. Außer der Leichtathletik gibt es noch die Schwerathletik (**Ringen** und **Gewichtheben**), sowie den Rasen-Kraftsport (Stoßen und Schleudern von unterschiedlich schweren Gewichten).

Die Geschichte

Einige Disziplinen der Leichtathletik wurden schon bei den Olympischen Spielen der Antike ausgeübt. Seit Beginn der Olympischen Spiele der Neuzeit 1896 in Athen steht die Leichtathletik im Zentrum der Wettkämpfe. Der Leichtathletik-Weltverband IAAF wurde 1912 gegründet, der Deutsche Leichtathletik-Verband DLV entstand 1949. Der Sport ist weltweit sehr beliebt und verbreitet, die IAAF hat derzeit 210 Mitglieder.

Die Wettbewerbe

Bei den Olympischen Sommerspielen 2004 in Athen wurden folgende Disziplinen der Leichtathletik ausgetragen:

Laufwettbewerbe

Die klassischen Sprintstrecken sind 100, 200 und 400 Meter. Sprint nennt man das sehr schnelle Laufen einer kurzen Strecke bis zu einer Ziellinie.

Mittelstrecken sind Laufstrecken, die länger als 400 und kürzer als 5000 Meter sind. Olympisch sind Läufe über 800 und 1500 Meter bei Frauen und Männern. Langstrecken gehen über 5000 und 10.000 Meter.

Marathon

Der Marathonlauf (siehe auch Kapitel **Laufen**) ist 42,195 Kilometer lang. Der Name Marathon wird aber auch oft für andere lange oder große Ausdauer erfordernde sportliche Ereignisse benutzt. Der Name und die Streckenlänge kommen von der

Legende des Läufers von Marathon, der die Nachricht eines Sieges von Marathon nach Athen

(zirka 40 Kilometer) tragen musste und danach tot zusammen-

Leichtathletik

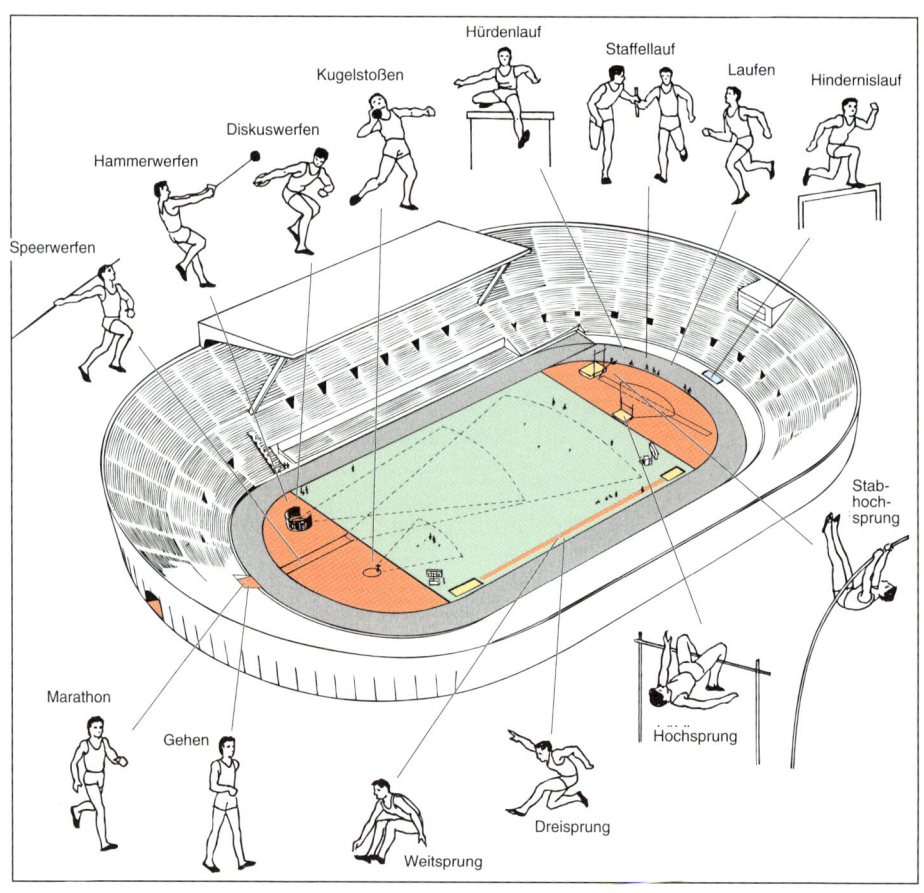

Hürdenläufer

Hürdenlauf

Hürdenläufe erstrecken sich bei den Frauen über 100 Meter, bei den Männern über 110 und 400 Meter. Außerdem gibt es einen 3000-Meter-Hindernislauf für Männer. Der Start beginnt wie bei allen Sprintwettbewerben aus einem Startblock. Die Hürden dürfen mit dem Fuß umgestoßen werden, aber nicht mit den Händen. Läuft ein Läufer an der Hürde vorbei oder überläuft er eine Hürde in der Laufbahn eines anderen Läufers, so führt dies zur Disqualifikation (Ausschluss). Bei der Lauftechnik kommt es darauf an, dass nicht übersprungen, sondern überlaufen wird. Bei einem Hindernislauf muss eine Kombination aus Hürden und Wassergraben überwunden werden. Die Hürden beim Hindernislauf sind im Gegensatz zum Hürdenlauf fest und fallen nicht um.

brach. Die heutige Länge der Strecke entstand auf Wunsch der damaligen englischen Königin, die bei den Olympischen Sommerspielen 1908 in London eine Verlängerung wünschte, damit der Start direkt vor ihrem Schloss und das Ziel vor der königlichen Loge im Stadion sein sollte.

Gehen

Gehen über 20 und 50 Kilometer ist eine Disziplin für Männer. Im Gegensatz zu den Laufdisziplinen muss ein Fuß immer auf dem Boden bleiben.

BERÜHMTER MARATHON-LÄUFER

Paula Jane Radcliffe (geboren 1973 in Northwich) aus England hält die Weltbestzeit im Marathon, die sie 2003 beim London-Marathon in einer Zeit von 2:15,25 Stunden erreichte. Ihre größte Enttäuschung waren die Olympischen Spiele 2004 in Athen, als sie wenige Kilometer vor dem Ziel entkräftet aufgeben musste. Im November 2004 gewann sie in einer Zeit von 2:23,10 Stunden den New York-Marathon.

Übergabe beim Staffellauf

Läufer beim Wettkampf

Staffellauf

Vier Sportler laufen in einer Mannschaft. Olympisch sind bei Frauen und Männern Strecken über 4x100 Meter und 4x400 Meter. Jeder Athlet muss einmal die vorgegebene Entfernung zurücklegen und dann in einem festgelegten Gebiet dem nächsten Läufer den Stab übergeben. Bei einem Fehler bei der Übergabe, also beim Verlust des Stabes oder bei Überschreiten des Übergabegebiets, wird die Staf-

CARL LEWIS

Frederick Carlton „Carl" Lewis (geboren am 1. Juli 1961 in Birmingham, Alabama), aus den USA zählt zu den erfolgreichsten Leichtathleten der Welt. Er gewann mehrere Weltrekorde und siegte zwischen 1983 und 1996 im Sprint und Weitsprung wie kaum ein anderer. Er gewann zehn olympische Medaillen, davon neun goldene. Mit 8,91 Metern, gesprungen am 30. August 1991, hält er den Weltrekord im Weitsprung.

fel disqualifiziert (ausgeschlossen). Das gilt auch, wenn einer der Mannschaft die Bahn verlässt.

Sprungwettbewerbe

Neben dem **Hochsprung** gehören zur Leichtathletik noch folgende Wettbewerbe:

Weitsprung

Mit einem einzigen großen Sprung soll eine möglichst große Weite erreicht werden. Schnelligkeit, Sprungkraft, Gewandtheit

und Beweglichkeit des Springers sind dafür Grundvoraussetzung. Die Sprintschnelligkeit beim Anlauf ist für eine große Sprungweite besonders wichtig.

Stabhochsprung

Hierbei müssen die Springer versuchen, eine möglichst hoch liegende Latte mithilfe eines langen, biegsamen Stabes zu überwinden. Der Stab besteht heutzutage aus Fiberglas, ist etwa fünf Zentimeter dick und innen hohl. Je nach Gewicht und Kraft des Springers und der Sprunghöhe variieren die Länge und Dicke des Stabes.

Dreisprung

Er besteht aus drei nacheinander ausgeführten Sprüngen (Hop, Step und Jump genannt). Der Wettkämpfer läuft auf einer Anlaufbahn bis zu einem Absprungbalken, von dem der Sprung gemessen wird. Die erste Landung hinter dem Absprungbrett muss mit demselben Fuß erfolgen, mit dem abgesprungen wurde (Hop). Es folgt der Step (Landung auf dem anderen Fuß) und dann der Jump in die Sandgrube (wie beim Weitsprung).

Wurfwettbewerbe

Neben dem **Diskuswerfen** und dem **Kugelstoßen** zählen zur Leichtathletik noch folgende Wurfwettbewerbe:

Speerwerfen

Im Gegensatz zu anderen Wurfdisziplinen ist hierbei ein kurzer Anlauf erlaubt. Er geht in das

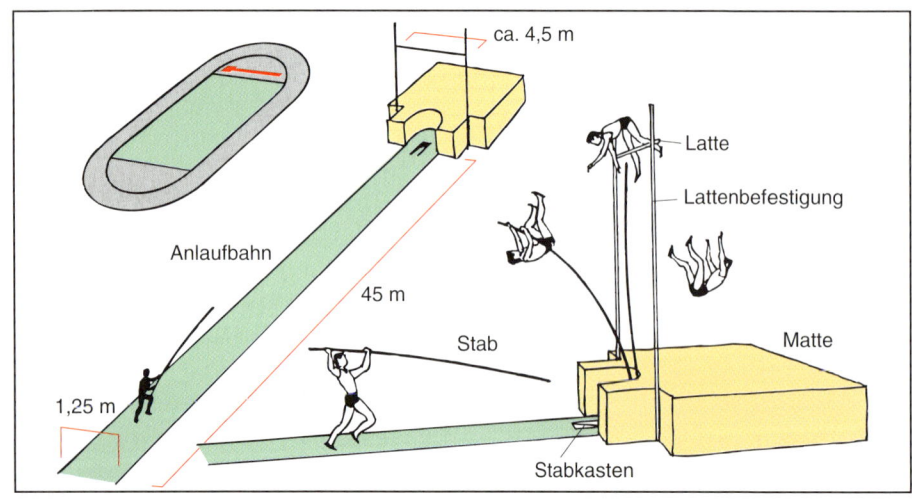
ca. 4,5 m
Latte
Lattenbefestigung
Anlaufbahn
45 m
Stab
Matte
1,25 m
Stabkasten
Stabhochsprung

Schwungholen und den Abwurf fließend über. Der Speer ist ein schlanker, nach beiden Enden dünner werdender Stab aus Holz, Metall, Carbon oder Kombinationen daraus. Der Speer muss laut den Regeln in der Mitte gefasst werden und die Spitze muss beim Abwurf in Wurfrichtung zeigen. Er muss mit der Spitze zuerst und innerhalb des vorher abgesteckten Zielfeldes auftreffen, aber er braucht nicht stecken zu bleiben. Gemessen wird von der Stelle des ersten Einstichs bis zur Innenkante des Abwurfbalkens.

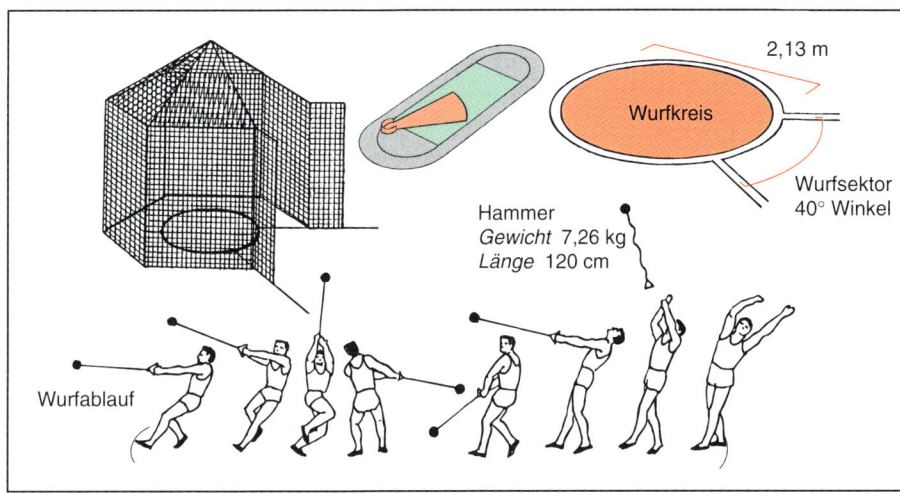

Hammerwerfen

Hammerwerfen

Dabei geht es darum, einen so genannten Hammer so weit wie möglich wegzuschleudern. Der Hammer ist eine Kugel mit einem Gewicht von 7,257 Kilogramm, die an einer Kette mit einem Handgriff am anderen Ende hängt. Der Hammerwurf entstand in Schottland und Irland, wo man ursprünglich ein mit einem Holzstiel versehenes Gewicht warf.

Siebenkampf

Siebenkampf wird hauptsächlich von Frauen ausgeübt. Es werden sieben Disziplinen an zwei Tagen hintereinander ausgeübt und nach einer Punktetabelle bewertet. Er besteht aus folgenden Disziplinen: 100 Meter Hürden, Hochsprung, Kugelstoßen, 200 Meter Sprint, Weitsprung, Speerwerfen, 800 Meter Mittelstrecke.

Zehnkampf

Zehnkampf wird meistens von Männern ausgeübt und besteht aus folgenden Disziplinen, die an zwei aufeinander folgenden Tagen durchgeführt werden. Am ersten Tag: 100 Meter Sprint, Weitsprung, Kugelstoßen, Hochsprung, 400 Meter Mittelstrecke. Am zweiten Tag: 110 Meter Hürdenlauf, Diskuswerfen, Stabhochsprung, Speerwerfen und 1500 Meter Mittelstrecke.

Läufer am Start

Siegerin

Motorrad

Im Motorsport unterscheidet man die verschiedenen Disziplinen und Klassen nach der Hubraumleistung der Motorräder und ihrer jeweiligen Verwendung.

Motorrad-WM (Grand Prix)

Mit Motorrad-Weltmeisterschaft ist im Allgemeinen die 1949 zum ersten Mal veranstaltete Straßen-Weltmeisterschaft für Motorräder gemeint. Lange Jahre wurden die Hubraumklassen 50, 125, 250, 350 und 500 Kubikzentimeter bei den Solo-Maschinen, sowie 500 Kubikzentimeter bei den Motorrädern mit Seitenwagen ausgetragen. In den 1950er Jahren herrschten englische und italienische Marken mit Viertaktmotoren vor. Anfangs der 1970er Jahre lösten die Zweitaktmaschinen meist japanischer Herkunft auch in der Klasse bis 500 Kubikzentimeter die bis dahin vorherrschenden Viertaktmotoren aus Europa ab. In den 1980er Jahren wurde die 50er-Klasse durch 80 Kubikzentimeter ersetzt, die 350er-Klasse wurde komplett gestrichen. Der klassische Start mit Anschieben der Motorräder wurde durch einen stehenden Start mit laufenden Motoren ersetzt. In den 1990er Jahren wurden sowohl Seitenwagen als auch die 80er aus dem WM-Programm genommen, so dass bis 2001 die Weltmeisterschaft nur in den Hubraumklassen 125, 250 und 500 Kubikzentimeter ausgetragen wurde. Zur Saison 2002 wurde auf Druck der japanischen Hersteller, insbesondere Honda, die 500er-Klasse in MotoGP umbenannt und neue Regeln erlaubten auch Viertaktmotoren mit 990 Kubikzentimetern. Wie in der Formel 1 müssen diese MotoGP-Maschinen extra für Rennen entwickelt werden und dürfen als Abgrenzung zu den Superbikes nicht von Serienmaschinen abgeleitet sein.

Superbike

Seit den 1980ern hatte sich parallel zur Motorrad-WM die

Motorradrennen

Superbike-WM durchgesetzt, wo mit Motorrädern mit 750 Kubikzentimetern (Vierzylinder) beziehungsweise 1000 Kubikzentimetern (Zweizylinder) fast genau so schnell gefahren wird wie mit den noch leistungsstärkeren und leichteren 500er GP(Grand Prix)-Maschinen.

Motorradrennen werden auf Asphalt oder im Gelände ausgetragen

Supersport

So heißt die Klasse der Vierzylinder bis 600 Kubikzentimeter. Auch hier gibt es eine WM. Die Motorräder sind leistungsmäßig schwächer als diejenigen, die beim Superbike eingesetzt werden.

Motocross

Gefahren wird auf einem geländetauglichen Motorrad. Dieses unterscheidet sich von einem handelsüblichen Motorrad durch Reifen mit grobem Profil und längere Federn. Außerdem hat das Motorrad keine Straßenzulassung. Es gilt nach der Straßenverkehrsordnung als Sportgerät und ist nur für den Wettbewerbsbetrieb bestimmt. Die Rennen werden in unterschiedlichen Formen ausgeführt. Es gibt generell In- und Outdoor-Rennen (drinnen und draußen). Indoor-Rennen werden gewöhnlich als Supercross und Outdoor-Rennen als Motocross bezeichnet.

Enduro

Die Enduro ist ein geländegängiges Motorrad mit Straßenzulassung und den dafür notwendigen Sicherheitseinrichtungen wie Beleuchtung, Blinker und Hupe. Das Enduro ist die umgangssprachliche Bezeichnung für ein Motorradrennen mit einer Enduro. Die wohl gängigsten Varianten sind das 3-Stunden-Enduro und die Enduro-Rallye. Sie unterscheiden sich darin, dass bei einem 3-Stunden-Enduro möglichst viele Runden auf einem Rundkurs gedreht werden müssen. Bei einer Enduro-Rallye

Motocross-Wettbewerb

ist eine vorgegebene Strecke nach Fahrzeit zurückzulegen.

Trial

Ein Trial-Motorrad ist ein nicht für Straßen zugelassenes Sportgerät mit kleinem Hubraum von unter 100 Kubikzentimetern und Enduro-Eigenschaften. Es wird im Stehen gefahren und besitzt keinen Fahrersitz, sondern nur eine Sitzmulde. Da es für ein Motorfahrzeug extrem leicht gebaut ist, kann es fast wie ein BMX-Fahrrad oder ein Mountainbike gefahren werden. Bei den Trials (Prüfungen) handelt es sich um Geschicklichkeitsprüfungen in schwierigem Gelände, bei denen der Fahrer weder die Streckenbegrenzungen berühren noch zum Stillstand kommen darf.

STRASSE UND GELÄNDE

Supermoto ist ein noch junger Rennsport. Dabei wird mit Motorrädern (oft Enduros oder Cross-Maschinen) auf der Straße und im Gelände gefahren. Der Straßenanteil beträgt in der Regel 70 Prozent, der Offroadanteil (Gelände) 30 Prozent.

Paraglider

In den frühen 1960er Jahren befanden sich Nordamerika und die Sowjetunion im Wettlauf um die erste Mondlandung. David Barish, ein amerikanischer Luftfahrtingenieur, erfand einen neuen **Fallschirm**, um Raketen sanft zur Erde zurückzubringen. Er testete seinen neuen flügelförmigen Fallschirm, indem er ihn selbst ausprobierte, und war so begeistert von dessen Möglichkeiten, dass er viele Urlaubsgebiete bereiste, sein neues Sommersportgerät vorführte und Werbung dafür machte. Dieser so genannte Sailwing (1965) gilt als echter erster Gleitschirm und wurde von ihm so entwickelt, dass er nach einem Fußstart von einem Berg aus fliegen konnte. Doch die Zeit war noch nicht reif für diesen neuen Sport, zumal die Flüge sehr kurz waren, da niemand an Thermik oder Hangaufwinde dachte, um die Flüge zu verlängern. Als dann die NASA die Fallschirm-Forschungsprogramme einstellte, gab es daher auch keine Weiterentwicklung des Sailwing. Die heutigen Gleitschirme sind deshalb keine direkten Nachfahren des einflächigen Ur-Gleitschirms Sailwing, sondern des ebenfalls 1964 patentierten doppelflächigen Parafoil (doppelzelliger mehrflächiger Fallschirm) des Franzosen Domina Jalbert. Er war ebenfalls zum Gleitsegeln geeignet, ein erster Bergflug wurde aber erst 1967 ausgeführt. In das Bewusstsein einer etwas größeren Öffentlichkeit gelangte das Gleitsegeln in den 1970er Jahren durch die Erwähnung in Fallschirmspringer-Magazinen.

Wie funktioniert Paragliding?

Gleitsegeln wird auch Gleitsegel-Fliegen oder Paragliding genannt. Es ist eine Luft-Sportart mit frei fliegenden (das heißt ohne Verbindungsleine zum Boden), steuerbaren Gleitsegeln. Die Schirme werden nach ihrem Verwendungszweck in Fallschirme (Flächen-Fallschirme)

PARAGLIDING WORLD CUP

Paragliding World Cup (kurz PWC genannt) ist ein Wettkampf für Gleitschirm-Piloten in der Disziplin Streckenfliegen. Jedes Jahr macht die Paragliding World Cup Tour an fünf bis sechs Orten auf der ganzen Welt Halt. Dabei werden an jeder Station normalerweise mehrere Tasks (Aufgaben) geflogen, die dann zu einer Gesamtwertung zusammengezählt werden. Der aktuelle Weltrekord im Streckenfliegen liegt bei 423,4 Kilometern und wurde 2002 in Zapata, Texas, vom Kanadier William Gadd geflogen.

Steuerung

Gesteuert wird der Gleitschirm durch eine rechte und linke Steuerleine, die über mehrere Leinen mit der hinteren Kante des Gleitsegels verbunden sind. Gewichtsverlagerung zur inneren Seite unterstützt das Einfliegen einer Kurve. Durch spezielle Techniken können gute Piloten zusätzlich beschleunigen und aufdrehen, das bedeutet die Thermik (Aufwinde) nutzen, um schneller, höher und weiter zu fliegen.

Ausbildung und Lizenz

In Deutschland, Österreich und der Schweiz ist eine Ausbildung mit abschließender Lizenz für das Gleitschirmfliegen vorgeschrieben. Diese bekommt man nur in zugelassenen Flugschulen.

Paraglider über den Bergen

und Gleitschirme unterteilt. Der Pilot sitzt beim Gleitsegeln in mit dem Segel verbundenen Gurten. Gestartet wird mit offen ausgelegtem Schirm in der Regel durch den so genannten Fußstart, normalerweise von Bergen oder Hügeln oder mithilfe von speziellen Winden.

Vorwärtsstart (Alpinstart)

Der Pilot steht vor dem Gleitschirm und läuft langsam los. Durch den Zug an den vorderen Tragegurten über die Leinen bringt er den Gleitschirm über sich. Durch den Gegenwind wird das Segel mit Luft gefüllt und der Gleitschirm formt sich zu einem Flügel mit aerodynamischem (windschnittigem) Profil. Der Pilot steigert die Geschwindigkeit durch Vorwärtslaufen und ab einer bestimmten Geschwindigkeit fängt der Schirm an ihn zu tragen und hebt ihn in die Luft.

Rückwärtsstart

Hier steht der Pilot mit dem Gesicht zum Schirm, den Aufwind im Rücken. Durch einen Zug an den Leinen beginnt der Schirm nun wie beim Vorwärtsstart über den Piloten zu steigen. Nun muss dieser sich umdrehen, damit er gegen den Wind loslaufen kann. Bei dieser Startmethode ist es für den Piloten möglich, schon während des Steigens den Schirm zu lenken und den Flug zu beeinflussen. Das empfiehlt sich besonders bei starkem Wind.

Landung

Der Reitsport ist einer der wenigen Sportarten, bei der Frauen und Männer gemeinsam an den Start gehen. Dabei gibt es die Disziplinen Dressur- und Springreiten und Military. Der moderne Turniersport entstand Mitte des 19. Jahrhunderts zuerst in Irland, Frankreich und Großbritannien. Bei einer Pferdeschau, die 1864 von der Royal Dublin Society (Königliche Gesellschaft von Dublin) veranstaltet wurde, fand die erste Springveranstaltung statt. Der offizielle Weltverband Fédéra-

Pferdesport

Pferdesport

tion Equestre Internationale (FEI) wurde 1921 in Brüssel gegründet. 1900 wurde das Springreiten in das olympische Programm aufgenommen. Seit 1912 gibt es im Springreiten Mannschaftswertungen, weshalb es als erste olympische Mannschaftsdisziplin gilt. Den Mannschaftswettbewerb der Dressurreiter gibt es seit 1928. 1953 wurden die ersten Weltmeisterschaften durchgeführt, die seit 1956 alle vier Jahre stattfinden.

Das Ziel

Springreiten wird auf einem so genannten Parcours ausgeübt, das ist eine eingezäunte Fläche, die mit künstlichen Hindernissen ausgestattet ist. Alle Hindernisse müssen fehlerfrei übersprungen werden. Für das Abwerfen der Hindernisse, die Weigerung des Pferdes zu springen und das Überschreiten einer zuvor festgelegten Zeit gibt es Strafpunkte.

Die Hindernisse

Es gibt Hindernisse für Steil-Sprünge (Rick genannt), Hoch-

Springreiter

weit-Sprünge (Oxer), Gräben (Wassergraben) und Wälle. Sie werden einzeln oder als Kombinationen mehrerer Hindernisse aufgestellt. Die Abmessungen der Hindernisse betragen normalerweise bis zu 1,60 Meter in der Höhe und zwei Meter in der Tiefe. Wassergräben dürfen bis 4,50 Meter breit sein. In Einzelfällen können diese Abmessungen deutlich überschritten werden (beim Derby und beim so genannten Mächtigkeitsspringen).

Die Strafpunkte

Für das Abwerfen von Hindernis-Teilen (Reißen = vier Strafpunkte), das Stehenbleiben (Verweigern = drei Strafpunkte) und das Überschreiten der erlaubten Zeit (= ein Strafpunkt pro angefangene Sekunde) werden die Strafpunkte vergeben. Sollten mehrere Reiter am Ende des Durchgangs die gleiche Strafpunktzahl, im Idealfall null Punkte haben, wird ein so genanntes Stechen durchgeführt. Der Sieger des letzten Durchgangs ist der Reiter mit der niedrigsten Strafpunktzahl. Ist sie immer noch gleich, gewinnt der Reiter mit der schnellsten Zeit.

Weitere Springprüfungen

Beim Zeitspringen gewinnt der Reiter mit der schnellsten Zeit, Fehler werden durch Zeitstrafen geahndet. Beim Stilspringen wird der Reiter mit einer Note von null bis zehn beurteilt. In einer Springpferde-Prüfung werden die Ausbildung und Eignung eines jungen

Springreiter

Pferdes für den späteren Einsatz in Springprüfungen beurteilt. Beim Mächtigkeitsspringen wird nur ein einzelnes Hindernis übersprungen, dessen Höhe nach jedem fehlerlosen Sprung erhöht wird.

Das Dressurreiten

Die früheste, vollständig erhaltene Lehre vom Reiten stammt von dem griechischen Reiterführer Xenophon (430 bis 355 vor Christus). Ihre Grundlagen sind bis heute gültig. Er setzte sich für eine natürliche, entspannte Körperhaltung des Pferdes ein, die es nicht in eine unnatürliche Form zwingt, sondern ihm eine gelöste Haltung unter dem Gewicht des Reiters ermöglicht. Er

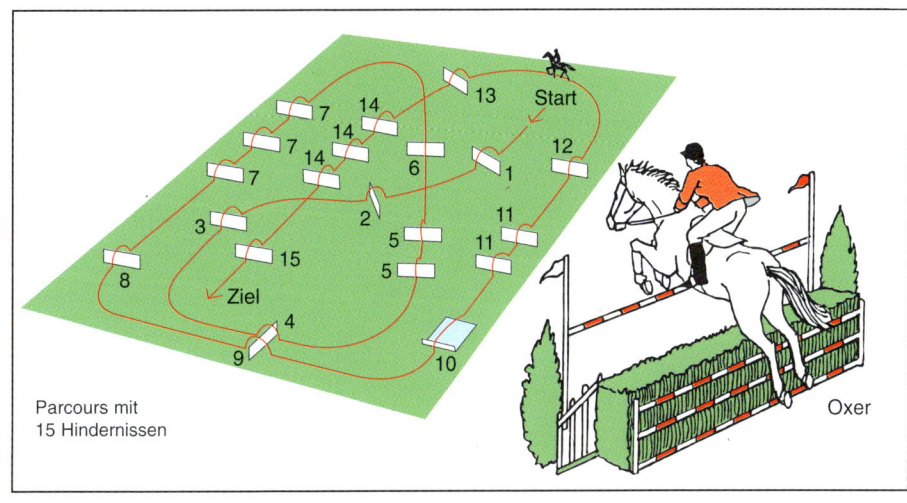

Parcours mit 15 Hindernissen

Oxer

Springreiten

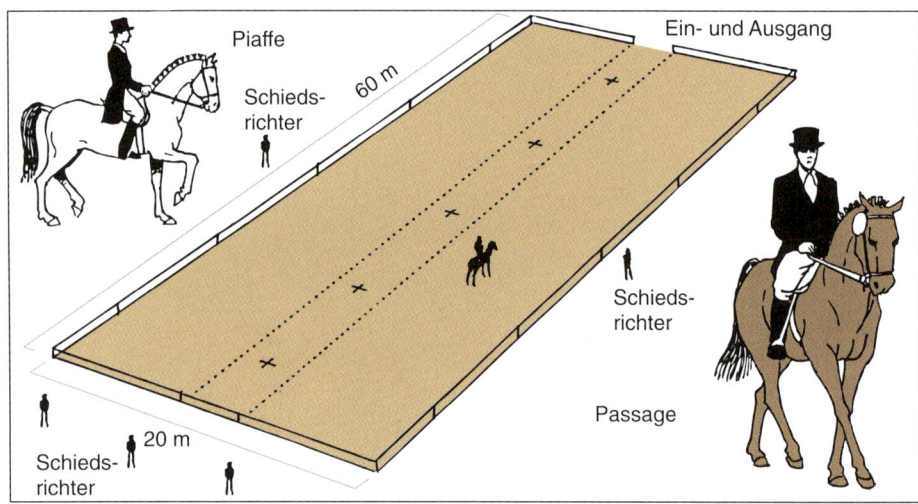

Dressurreiten

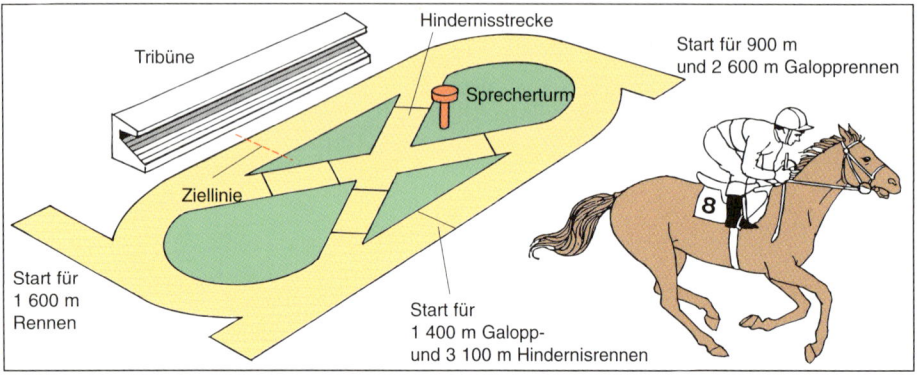

Galoppsport

Das Ziel der Dressur

Beim Dressurreiten sollen die natürlichen Veranlagungen des Pferdes durch gymnastische Übungen gefördert und verbessert werden. Es hat zum Ziel, das Pferd mit geringen Signalen (Hilfen genannt) zum Ausführen der gewünschten Aufgabe (Lektion) zu veranlassen. Diese Ausbildung des Pferdes ist die Grundlage aller Pferdesportarten und findet ihre Vollendung in der so genannten Hohen Schule. Dressurreiten verfeinert die natürlichen Bewegungen des Pferdes und ermöglicht ihm, das Gewicht des Reiters bestmöglich zu tragen. Deshalb ist es gut für seine Gesundheit.

Die Turniere

Auf Turnieren werden Reiter und Pferde in speziellen Dressuraufgaben mit einer Note von null bis zehn bewertet. Entweder wird

beschrieb auch einen bestimmten Pferdetyp, der sich im Körperbau am besten für die Dressur eignet, denn verschiedene Rassen eignen sich für verschiedene Sportarten. Das Dressurreiten als Sport entstand Ende des 19. Jahrhunderts aus Wettbewerben zwischen Offizieren, die ihre Tiere verglichen. Die Regeln entstanden aus den militärischen Anforderungen der europäischen Kavallerien. Heute liegen die Frauen auf der ganzen Welt im Dressursport vorne. Olympisch ist die Dressur seit Stockholm 1912 (Einzel) und Amsterdam 1928 (Mannschaft). Frauen nehmen seit 1952 teil. Seit 1966 gibt es alle vier Jahre Weltmeisterschaften.

Dressurübung

Anzeigetafel beim Pferderennen

VARIATIONEN

Beim Military werden verschiedene Übungen vom Reiter verlangt, deshalb wird es auch Vielseitigkeitsreiten genannt. Es setzt sich zusammen aus Dressur, Geländeritt und Springreiten. Der Reiter mit dem besten Ergebnis aus allen drei Bereichen gewinnt. Seit 1966 finden Weltmeisterschaften statt. Neben diesen olympischen Reitsportdisziplinen gibt es noch die Pferderennen. Dabei wird zwischen Galopp- und Trabrennen unterschieden. Beim Galopprennen sitzt der Jockey auf dem Rücken des Pferdes. Beim Trabrennen hingegen zieht das Pferd den Sulky (ein kleiner leichter Wagen), auf dem der Fahrer sitzt.

eine Note für die gesamte Aufgabe oder mehrere Noten werden für jede einzelne Lektion vergeben. Die Prüfungen werden auf einem festgelegten Viereck einzeln oder in kleinen Gruppen durchgeführt und von bis zu fünf Richtern gemeinsam oder einzeln bewertet. Die Dressuraufgaben bestehen aus einer bestimmten Anzahl von Lektionen, die in einer festen Reihenfolge oder in einer Kür, auch mit Musikbegleitung, in freier Abfolge gezeigt werden. Das Pferd bewegt sich dabei in den Grund-Gangarten Schritt, Trab und Galopp auf geraden und gebogenen Linien (Bahn-Figuren) vorwärts, seitwärts oder auch rückwärts. Es werden die Haltung des Reiters, die Art wie er Hilfen gibt, und die Bewegung des Pferdes bewertet.

Grundausbildung des Reiters

Während eine Dressur-Grundausbildung für die meisten, je-

doch nicht für alle Reitpferde (zum Beispiel Westernpferde) angestrebt wird, sollte eine Dressur-Ausbildung für jeden Reiter unerlässlich sein, um das Pferd durch das richtige Geben von Hilfen unterstützen zu können. Bei jeder Reitart muss darauf geachtet werden, dass der Reiter richtig sitzt und somit das Gleich-

Galopprennen

gewicht des Pferdes stimmt. Schlechtes Reiten kann ein Pferd krank machen.

Verbreitung des Pferdesports

Zurzeit schätzt man die Gesamtzahl reitender Pferdefreunde in Deutschland auf etwa 1,5 Millionen.

Polo

Der Ursprung des Polospiels liegt angeblich in Zentralasien um etwa 700 vor Christus, wobei Köpfe von hingerichteten Gefangenen als Ball verwendet worden sein sollen. Unter dem Namen „Chaugán" war Polo schon zu Zeiten Alexander des Großen in Persien beliebt. Das faszinierende Spiel verbreitete sich schnell in ganz Asien. Die Tibeter, die das Spiel aus China übernahmen, gaben ihm den Namen „pulu", das heißt übersetzt Ball.

Den Sprung nach Europa schaffte Polo erst 1859. Die in den Kolonien stationierten britischen Offiziere wollten in der Heimat nicht mehr auf die beliebte Freizeitbeschäftigung verzichten. England gehört heute zu den großen Polo-Nationen. Fast alle männlichen Mitglieder des englischen Königshauses haben sich im Polosport engagiert. Den amerikanischen Kontinent erreichte Polo 1876. Amerika führte 1888 als erstes Land ein Handicapsystem ein (England und Indien folgten 1910). In Argentinien wurde das Spiel erst 1877 eingeführt. 1894 gab es be-

reits 21 Poloclubs, was auch einen hohen Bedarf an Pferden bedeutete. Die gab es genügend für die Arbeit auf den großen Rinderfarmen, nämlich die harten und wendigen Nachfahren der Berber- und Araberpferde, welche die Spanier im 16. Jahrhundert mitgebracht hatten. Durch Kreuzung mit schnellen englischen Vollblütern entstand so das ideale Polo-Pony. Argentinien ist nicht nur wegen der guten Spieler, sondern auch bei der Pferdezucht das führende Land im Polosport. In Deutschland wurde das erste Polospiel 1896 in Hamburg durchgeführt.

Polospieler beim Schlagen des Balles

Poloturnier

Das Ziel

Polo ist eine sehr exklusive Mannschaftssportart, weil jeder Spieler neben seiner Ausrüstung auch mehrere Pferde benötigt. Beim Polo muss der auf einem Pferd reitende Spieler einen sieben bis acht Zentimeter großen, 130 Gramm schweren Ball mit einem langen Holzschläger in das gegnerische Tor schlagen. Jeder Spieler braucht im Wettkampf als Schutz einen Polohelm mit Gesichtsschutz und mehrere Pferde zum Wechseln, um die Belastung für die Tiere erträglich zu halten.

Das Spielfeld

Ein Polofeld ist zirka 274 Meter lang und 192 Meter breit. Die Tore sind 7,30 Meter breit und werden durch Weidenrohrpfosten begrenzt. Nach oben hin gibt es keine Begrenzung, der Ball gilt innerhalb der Pfosten in jeder Höhe als Tor.

Die Teams

Jede Mannschaft besteht aus vier Spielern. Zwei Spieler sind für den Angriff verantwortlich, die Nummer 3 ist der Kapitän, der das Spiel organisiert, die Nummer 4 ist der Verteidiger, auch „Back" (hinten) genannt.

Die Regeln

Ein Spiel besteht meist aus vier Spielabschnitten, so genannten „Chukkas". Jeder dauert siebeneinhalb Minuten effektive Spielzeit, wobei die Uhr bei Fouls angehalten wird und so das ganze Spiel viel länger dauern kann. Zwischen den einzelnen Chukkas liegen Pausen von drei oder fünf Minuten (in der Halbzeit). Damit die Mannschaften abwechselnd gegen die Sonne spielen, findet nach jedem Tor ein Seitenwechsel statt. Diese Besonderheit des Spiels, die viele Zuschauer nicht verstehen, stammt aus den Zeiten, als Polo in den heißen und sonnigen Kolonien gespielt wurde.

Die Pferde

Ein Polopferd darf niemals zwei Chukkas hintereinander geritten werden. Es kommt also in einem Spiel höchstens zweimal zum Einsatz, wobei ein Polospieler meist drei bis vier Pferde am Platz hat. Deren individuelle Fähigkeiten kann er strategisch einsetzen. Die bis zu 60 Stundenkilometer schnellen Pferde sind das Kapital des Turnierspielers, denn auf sie ist er angewiesen. Diesem Umstand wird auch bei den Regeln Rechnung getragen. Der Schutz der Pferde steht an oberster Stelle. So werden die Gelenke dick bandagiert und der Schwanz wird eingeflochten, damit er sich nicht im Schläger verfangen kann.

HANDICAP

Ähnlich wie beim Golf wird jedem Polospieler ein Handicap zugeteilt. Es basiert auf seinen bisherigen Leistungen und reicht von –2 (= Anfänger) bis zu +10 (gibt es sehr selten).

Nach dem Spiel

Radfahren

Die Geschichte des Radsports hängt von der Geschichte des Fahrrads ab: Die frühen Räder, wie die Laufmaschine von 1817 (durch Laufen mit den Füßen auf dem Boden angetrieben) und das Hochrad von 1870, waren für die Massenverbreitung und als Nutzfahrzeug nicht unbedingt zu gebrauchen. Das Hochrad war eher für Akrobaten, die Verletzungsgefahr durch das hohe Rad sehr hoch. Erst die Entwicklung des Niederrads (auch Sicherheitsrad) mit dem heute noch üblichen Fünfeck- oder Trapezrahmen führte dazu, dass die Abenteuerfahrten mit dem Hochrad durch Rekordfahrten, bei denen einzelne Fahrer eine bestimmte Strecke in möglichst

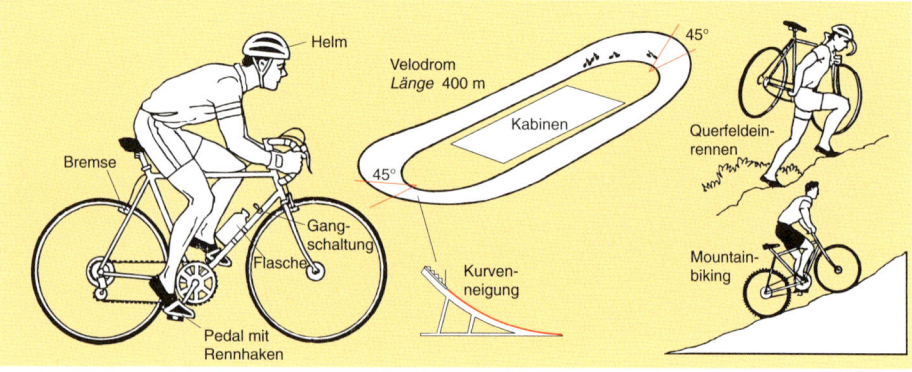

Radsport

kurzer Zeit fahren mussten, abgelöst wurden. Das Fahrrad wurde zum Verkehrsmittel der Jahrhundertwende. Das erste Straßenrennen soll schon 1865 in Amiens (Frankreich) stattgefunden haben. Viele der damals eingeführten Rennen gibt es heute noch, wie etwa die Klassiker Paris – Roubaix (seit 1896) oder Mailand – San Remo (seit 1907). 1903 schließlich

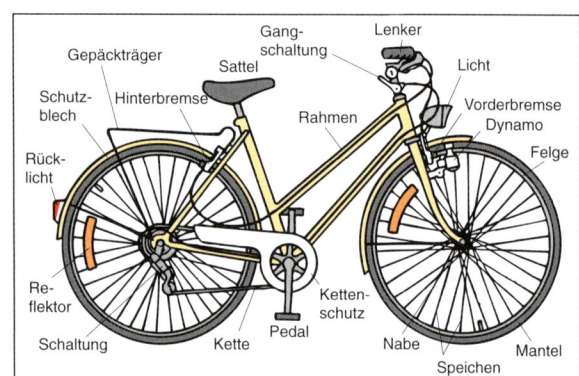

Fahrrad

wurde als erstes Etappenrennen die Tour de France ins Leben gerufen, bei der ähnliche Streckenlängen wie bei den Distanzrennen gefahren werden mussten, allerdings an mehreren aufeinander folgenden Tagen. Neben den Straßenrennen waren aber auch Radveranstaltungen auf der Bahn, wie etwa Sechstagerennen und Steherrennen, äußerst beliebt. Von Anfang an wurden alle Arten des Radsports von Fahrradfirmen stark unterstützt und beeinflusst, weil dadurch das Produkt Fahrrad und die verschiedenen Marken sehr gut vorgestellt und vermarktet werden konnten. Seit zirka 1910 fahren die Rad-Profis bei der Tour de France nicht in Nationalmannschaften, sondern in Firmen-Teams.

Radrennfahrer

Die Radsportarten

Straßenrennen lassen sich nach ihrer Dauer in zwei Gruppen einteilen, und zwar in Eintagesrennen und Etappenrennen, bei denen mehrere Tagesetappen hintereinander gefahren werden.

Bahnradsport bezeichnet eine Gruppe von radsportlichen Disziplinen, die auf einer Radrennbahn ausgeübt werden. Bahnradsport-Wettkämpfe werden mit

MOUNTAINBIKE-ORIENTEERING

Mountainbike-Orienteering, kurz MBO oder MTBO, ist so ähnlich wie ein Orientierungslauf. Mithilfe einer Karte muss der Sportler mit seinem Fahrrad so schnell wie möglich die in der Karte eingetragenen Orte anfahren. Dabei kann jeder Teilnehmer seine Route zwischen den Punkten frei wählen. Die Wettkämpfe werden meist in einem Waldgebiet ausgetragen. Neben der Ausdauer sind ein hohes Maß an Konzentration und ein gutes Orientierungsvermögen erforderlich.

Rädern ohne Gangschaltung und ohne Bremsen sowie mit starrer Hinterradnabe (also ohne Frei- lauf) durchgeführt. Der Bahnradsport gehört seit seiner Entstehung zum Programm der Olympischen Spiele.

Mountainbike

Ein Mountainbike ist ein Fahrrad, welches besonders für den Einsatz abseits befestigter Straßen geeignet ist. Grundsätzlich ist das Mountainbike ebenso wie das Rennrad eher Sportgerät als Verkehrsmittel, denn es hat normalerweise nicht die von der in Deutschland geltenden Straßenverkehrs-Zulassungsordnung geforderte Ausstattung (Beleuchtung, Glocke, Rückstrahler).

Cyclocross

Cyclocross wird auch als Rad-Cross oder Querfeldein-Fahren bezeichnet. Gefahren wird fast ausschließlich im Herbst und im Winter auf unbefestigten Wegen. Im Unterschied zum Mountainbike-Sport wird beim Cyclocross zumeist auf leicht veränderten Rennrädern gefahren.

Hallenradsport

Kunstradfahren unterscheidet Einer- (1er), Zweier- (2er), Vierer- (4er), Sechser-Kunstfahren (6er), Vierer- und Sechsereinradfahren.

Straßenrennen

Radfahren

Bahnrennen

Beim 1er-Kunstfahren werden Übungen auf einem Spezialrad gezeigt. Die Übungen reichen von freien Ständen auf Sattel und Lenker über verschiedene Übungen, bei denen nur auf dem Hinterrad gefahren wird, bis hin zum Sprung vom Sattel auf den Lenker und einem Drehsprung um das Vorderrad. Im 2er-Kunstfahren fahren zwei Sportler zunächst jeder auf seinem Rad, bleiben aber meistens mit den Händen in Verbindung. Anschließend benutzen die Sportler ein Rad zusammen, es kommen dann auch so genannte Trageübungen dazu. Beim 4er- und 6er-Fahren auf dem Kunst- oder Einrad benutzt jeder Sportler sein eigenes Rad. Es werden verschiedene Figuren möglichst synchron gefahren. Deutschland ist führend in dieser Sportart.

Radball: Mit einem speziellen Fahrrad muss der Ball in das gegnerische Tor geschossen werden. Das für diesen Sport veränderte Fahrrad ist durch seine starre Übersetzung, den speziellen Lenker und eine waagerechte Sattelstange gekennzeichnet. Die starre Übersetzung auf das Hinterrad ermöglicht das Rückwärtsfahren und das Stehen im Tor.

Rad-Polo: Es verbindet Elemente von Radball und dem von Reitern auf Pferden gespielten Polo. Die Teams von je zwei Radfahrern versuchen, den Ball mit einem Schläger an einem langen Stiel ins gegnerische Tor zu treiben.

Tour de France

Die Tour de France, auch Grande Boucle (Große Schleife) oder einfach Le Tour genannt, ist das berühmteste Radrennen der Welt. Seit 1903 wird die Tour jährlich, mit Ausnahme der Zeit der beiden Weltkriege, im Juli ausgetragen und führt dabei auf verschiedenen Strecken quer durch Frankreich und das nahe Ausland. Bei der Tour wird in der Regel schneller, härter und kompromissloser gefahren als bei jeder anderen Rundfahrt. Jede einzelne Etappe ist hart umkämpft. Die Tour de France beginnt seit 1967 mit dem so genannten Prolog, einem kurzen Einzel-Zeitfahren. Die folgenden meist 20 Etappen, die von ein bis zwei Ruhetagen unterbrochen werden, zeichnen die Form Frankreichs nach. Die Streckenlänge wurde nach einem Doping-Skandal

Rennfahrer beim Training

1998 deutlich verkürzt und beträgt seitdem rund 3500 Kilometer. Die ersten Tage der Tour de France sind fast immer von schnellen und sprinterfreundlichen flachen Etappen im Norden Frankreichs geprägt, bevor sich dann im Hochgebirge der Pyrenäen und der Alpen die Gesamtwertung der Tour entscheidet. Die von den Fahrern benötigten Zeiten aller Etappen werden zusammengerechnet. Wer am Ende in Paris am wenigsten Zeit auf seinem Konto hat, gewinnt die Tour.

Die Trikots

Farblich unterschiedliche Trikots kennzeichnen die jeweils besten Fahrer der verschiedenen Wertungen. Jedes Trikot wird dabei von einem eigenen Sponsor präsentiert. Die Fahrer sind verpflichtet, die entsprechenden Trikots zu tragen. Wenn ein Fahrer im Besitz mehrerer Trikots ist, trägt er das wichtigere.

Gelbes Trikot

Der Fahrer mit der geringsten Gesamtzeit trägt das berühmte gelbe Trikot (le maillot jaune). Es wurde 1919 eingeführt, um den Spitzenreiter für die Zuschauer erkennbar zu machen. Am längsten trug der belgische fünffache Toursieger Eddy Merckx das gelbe Trikot: insgesamt 111 Etappen lang.

Grünes Trikot

Der beste Sprinter wird seit 1953 mit dem grünen Trikot (le maillot vert) gekennzeichnet. Die Wertung erfolgt durch ein Punktesystem, welches vor allem Etappenankünfte, aber auch Zwischensprints bewertet. Der Berliner Erik Zabel (geboren 1970) hat das Sprintertrikot sechsmal in Folge (von 1996 bis 2001) nach Paris tragen können und hält damit den Rekord.

Bergtrikot

Einen Bergpreis gibt es bereits seit 1933, aber erst seit 1975 wird auch hier ein Bergtrikot, weiß mit roten Punkten (le maillot à pois rouges) verliehen. Punkte dafür werden nach Anstiegen der Kategorien 4 (leicht) bis 1 (schwer) und außerordentlich schwer vergeben.

Jan Ullrich

DIE SIEGER

Der US-Amerikaner Lance Armstrong (geboren 1971) konnte von 1999 bis 2004 die Tour sechsmal gewinnen und ist der erste Fahrer, dem dieses Meisterstück gelang. Fünf Siege erreichten der Franzose Jacques Anquetil (1934-87) in den Jahren 1957 und 1961-1964, der Belgier Eddy Merckx (geboren 1945) 1969-1972 und 1974, der Franzose Bernard Hinault (geboren 1954) in den Jahren 1978, 1979, 1981, 1982 und 1985 und der Spanier Miguel Indurain (geboren 1964) von 1991 bis 1995. Jan Ullrich (geboren 1973) gewann 1997 als erster Deutscher die Tour de France.

Ringen

Ringen und **Laufen** sind wahrscheinlich die ältesten Sportarten, mit denen Wettkämpfe ausgetragen wurden. Im Jahr 708 vor Christus wurde der Ringkampf in die **Olympischen Spiele** der Antike aufgenommen, die seit dem Jahr 776 stattfanden.

Bekannt sind Griffarten und Ringerschulen bereits um 3000 vor Christus in China. Die antiken Kämpfer rangen im freien Stil und durften keine gefährlichen Griffe anwenden. Das heutige griechisch-römische Ringen ist keine Fortsetzung des antiken Sports, denn damals rang man nur im Stand. Wer drei Mal zu Boden geworfen wurde, hatte verloren. Das klassische Ringen entwickelte sich Mitte des 19. Jahrhunderts in Italien und Frankreich, das Freistilringen dagegen in England. In Athen 1896 war Ringen im griechisch-römischen Stil mit nur einem Wettbewerb

ohne Beschränkung des Körpergewichts dabei. Das Freistilringen kam in St. Louis 1904 hinzu. Bis Paris 1924 gab es keine Zeitbeschränkung, manche Kämpfe dau-

WRESTLING

Wrestling, die besonders in den USA beliebte und weit verbreitete Showsportart, hat mit dem Ringen nichts gemein, weil die dortigen Kämpfe nur nachgestellt sind und anderen Regeln folgen.

Ringer auf der Matte

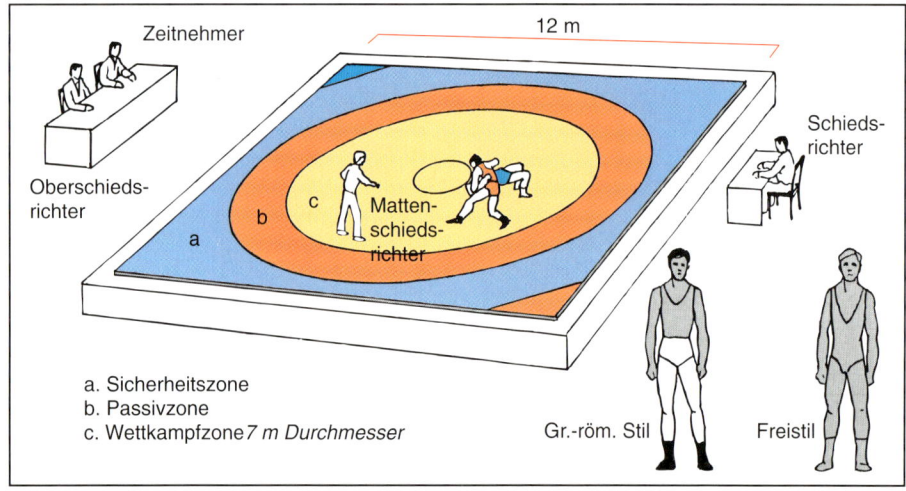

a. Sicherheitszone
b. Passivzone
c. Wettkampfzone 7 m Durchmesser

Zeitnehmer · 12 m · Schiedsrichter · Oberschiedsrichter · Mattenschiedsrichter · Gr.-röm. Stil · Freistil

Ringen

erten bis zwölf Stunden. Die Einteilung in zehn Gewichtsklassen gab es seit London 1948, das Superschwergewicht (über 100 Kilogramm) wurde erst 1972 eingeführt. Seit 2002 gelten neue Gewichtsklassen (bei den Frauen vier, bei den Männern sieben). Das Frauen-Ringen wurde ins Programm der Sommerspiele 2004 in Athen aufgenommen.

Die Regeln

Ringen ist ein Kampfsport mit Ganzkörpereinsatz ohne weitere

Ringer beim Wettkampf

Hilfsmittel. Es gibt zwei Stile: Beim Freistil ist der gesamte Körper, vom Kopf bis zu den Füßen, Angriffsfläche. Beim griechisch-römischen Stil ist nur der Körperteil oberhalb der Gürtellinie Angriffsfläche. Der Gegner muss mit speziell erlernten Techniken aus dem Stand auf den Boden und mit beiden Schultern auf die Matte gebracht werden. Die Wertung der einzelnen Griffkombinationen übernimmt ein Kampfrichter oder ein Kampfgericht aus drei Wertungsrichtern. Wer am Ende der festgelegten Kampfzeit die meisten Punkte oder vorher seinen Konkurrenten mit beiden Schultern zu Boden gebracht hat, ist der Sieger.

Die Gewichtsklassen

Griechisch-römisch:
Männer: bis 55, 55 bis 60, 60 bis 66, 66 bis 74, 74 bis 84, 84 bis 96, 96 bis 120 Kilogramm
Freistil: Männer: bis 55, 55 bis 60, 60 bis 66, 66 bis 74, 74 bis 84, 84 bis 96, 96 bis 120 Kilogramm.
Frauen: bis 48, 48 bis 55, 55 bis 63, 63 bis 72 Kilogramm.
Die Ringer tragen ihre Wettkämpfe auf einer Matte aus, die einen Durchmesser von sieben Meter hat.

SUMO-RINGEN

Sumo-Ringen ist eine ursprünglich aus Japan kommende Form des Ringkampfs. Der Begriff geht zurück auf den Begriff sumo (zu sumafu „sich wehren"). Ziel des Kampfes ist, den Gegner aus einem sandbedeckten, mit einem Strohseil abgesteckten Kreis von 4,50 Meter Durchmesser zu drängen oder ihn so aus dem Gleichgewicht zu bringen, dass er den Boden mit einem anderen Körperteil als den Fußsohlen berührt. Ein einzelner Kampf dauert meist nur einige Sekunden, auf einem typischen Turnier finden dafür aber mehrere hundert Kämpfe statt. Da dabei ein hohes Eigengewicht von Vorteil ist und es im Profi-Sumo keine Gewichtsklassen gibt, sind Sumokämpfer in der Regel sehr schwergewichtig, ab etwa 120 bis über 200 Kilogramm. Der schwerste Sumokämpfer aller Zeiten hatte bei einer Größe von 1,84 Meter ein Kampfgewicht von bis zu 288 Kilogramm.

Georg Hackl im Eiskanal

Schlitten werden seit Jahrtausenden als Transportmittel genutzt, wie zum Beispiel beim Pyramidenbau in Ägypten. In Europa wurden Schlitten im Mittelalter in Norwegen und im Erzgebirge eingesetzt. Erste Schlittenrennen fuhren englische Kurgäste Mitte des 19. Jahrhunderts in den Schweizer Alpen. Daraus entwickelten sich die Wintersportarten Rennrodeln und Bob. Das erste Rodelrennen fand 1883 in Davos statt. Schlittenrennen im Wettbewerb gab es kurz vor der Jahrhundertwende in Innsbruck. 1913 entstand ein internationaler Schlitten-Verband und erste Europameisterschaften wurden 1914 in Österreich veranstaltet. In Deutschland bildete sich 1911 ein Rodel-Bund. 1910 fand das erste Rodelrennen auf einer Kunstbahn statt. Die Trennung in zwei eigenständige Sportarten erfolgte 1964, als die Rennen auf der Kunstbahn in das olympische Programm aufgenommen wurden. Daraufhin wurden auch die Europa- und Weltmeisterschaften nur noch auf diesen Bahnen ausgetragen, bis 1970 die erste Naturbahn-EM stattfand. 1964 in Innsbruck wurde das Rennrodeln olympisch – mit den heute noch üblichen Wettbewerben Einsitzer für Frauen und Männer und Doppelsitzer für Männer.

Die Regeln

Rennrodeln ist die athletische Form des Schlittenfahrens. Die Sportler liegen dabei auf dem Rücken. Gesteuert wird allein durch Gewichtsverlagerung und Schenkeldruck. Der Rennrodel ist 1,35 Meter lang und 22 Kilogramm schwer (Doppelsitzer 25). Die Art der Kurven ist vorgeschrieben. Die Länge der Rodelbahn aus Kunsteis beträgt für den Männer-Einsitzer 1000, sonst 700 Meter. Der Sieger wird nach der Gesamtzeit aus vier Durchgängen (Doppelsitzer zwei) an zwei aufeinander folgenden Tagen ermittelt.

Das Gewicht

Es gibt ein festgelegtes Gewicht (Männer 90, Frauen 75 Kilogramm). Sind die Sportler zu leicht, dürfen sie Bleiwesten am Körper tragen, Männer bis 13, Frauen und Doppelsitzer bis zehn Kilogramm. Sie dürfen aber

VARIATIONEN

Beim Skeleton (englisch Skelett) stürzen sich die Athleten mit Spitzengeschwindigkeiten von bis zu 120 Stundenkilometern bäuchlings auf ihrem Sportgerät in den Eiskanal. Der Skeleton (Schlitten) besteht aus einer seitlich hochgezogenen starren Wanne mit Haltebügeln. Bei den Olympischen Spielen wird diese Sportart in zwei Durchgängen für Frauen und Männer durchgeführt. Skeleton-Wettbewerbe werden auf Bobbahnen ausgetragen. Die Fahrer starten im Stehen. Nach einem kurzen Anlauf springen sie auf den Stahlschlitten.

nur 75 Prozent des fehlenden Gewichts ausmachen.

Georg Hackl

Georg Hackl, genannt Hackl-Schorsch (geboren am 9. September 1966 in Berchtesgaden) ist deutscher Rennrodler und dreifacher Olympiasieger in dieser Disziplin. Seine erste Medaille gewann er bei den Olympischen Winterspielen 1988 in Calgary, bei denen er im Einzelrennen Zweiter wurde. 1992 in Albertville schaffte er es, die Goldmedaille zu gewinnen, genauso wie 1994 in Lillehammer und 1998 in Nagano. Bei den Spielen 2002 in Salt Lake City gewann er Silber und damit seine insgesamt fünfte olympische Medaille.

Silke Kraushaar

Die deutsche Rennrodlerin Silke Kraushaar (geboren am 10. Oktober 1970 in Sonneberg) gewann bei den Olympischen Winterspielen 1998 in Nagano Gold, vier Jahre später in Salt Lake City die Bronzemedaille. Außerdem wurde sie Welt-, Europa- und Deutsche Meisterin im Rennrodel.

Rodler am Start

Rudern

Das Rudern als Sportart war wohl schon in der Antike bekannt. Der moderne Rudersport entwickelte sich aus Wettrennen von Fährleuten auf der Londoner Themse im 18. Jahrhundert. 1775 fand dort die erste Regatta statt, 1839 das erste Achter-Rennen zwischen den Teams der Universitäten von Oxford und Cambridge. 1839 gab es zum ersten Mal die berühmte Henley-Regatta. Die ersten deutschen Meisterschaften im Einer-Rudern wurden 1882 ausgetragen. In Athen 1896 sollte Rudern eigentlich dabei sein, die Regatten fielen aber dem starken Seegang zum Opfer, denn damals wurde noch auf dem offenen Meer gerudert. 1900 war der Rudersport

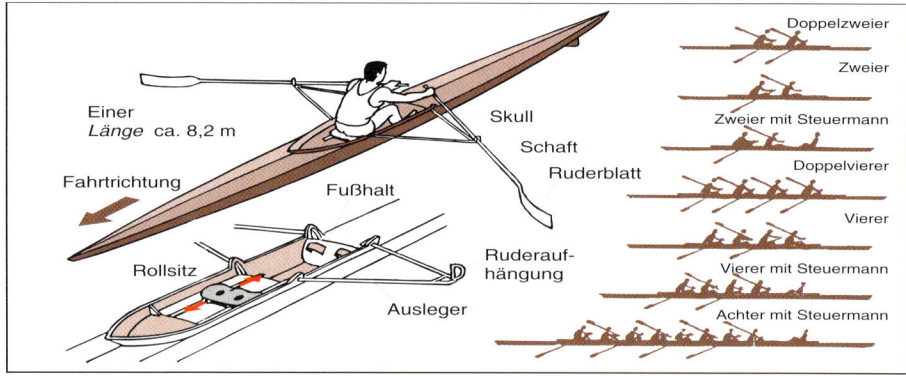

Rudersport

in Paris mit vier Bootsklassen dabei. Ab 1924 bestand das Wettkampfprogramm der nächsten Jahrzehnte aus sieben Bootsklassen, in Montreal 1976 kam die achte Klasse, der Doppelvierer hinzu. Im selben Jahr wurden auch die Frauen mit sechs Bootstypen zugelassen.

Die Boote

Beim Rudersport werden Rennen in unterschiedlich besetzten Booten über verschiedene Distanzen auf ruhigem Gewässer ausgetragen. Die Größen reichen dabei vom Einer (für eine Person), auch Skiff genannt, bis zum Achter. Im Gegensatz zum Paddeln sitzen die Ruderer mit dem Rücken zur Fahrtrichtung und die Riemen sind fest am Bootskörper angebracht. Der Ruderriemen unterscheidet sich vom so genannten Skull, da er mit beiden Händen bewegt wird, der Skull dagegen ist kürzer und wird nur mit einer Hand geführt. Bei den Sportruderbooten unterscheidet man zwischen so genannten Gigbooten, die vor allem im Breitensport benutzt werden, und Rennruderbooten, die im Leistungssport eingesetzt werden. Die Unterschiede liegen in der Bootsform, den zum Bau verwendeten Materialien und im Gewicht. Gigboote werden mit A, B, C, D und E nach Breite und nach Bauweise (Klinker- oder Schalenbau) unterschieden. Außerdem gibt es noch das aus der Marine stammende Kutterpullen und aus dem Finnischen das Kirchbootrudern. Bei dieser Variante des Rudersports sitzen, ähnlich wie bei einer Barke, zwei Ruderer nebeneinander.

Ruderer

Einer

Die Technik

Jeder Ruderer hat in der linken und rechten Hand ein Ruder (auch Skull genannt). Die Skulls werden zur besseren Kontrolle des Gleichgewichts vom Ruderer hintereinander geführt. In Deutschland wird das Backbordskull (das linke Ruder) vor dem Steuerbordskull (dem rechten Ruder) geführt. Diese Art zu rudern wird vor allem in der Anfängerausbildung und in den Altersklassen Kinder und Junioren-B eingesetzt, weil es beim Riemenrudern zu einseitiger Belastung der Wirbelsäule kommen kann. Dabei hat nämlich jeder Ruderer nur ein Ruder (auch Riemen genannt), welches entweder nach Backbord (links) oder Steuerbord (rechts) geht.

Die Wettkämpfe

Ruderer messen sich auf so genannten Regattastrecken. Die Wettkampfdistanz beträgt regulär 2000 Meter. Es werden aber

Doppelzweier

auch Regatten über 500 oder 1000 Meter bis zu mehreren Kilometern ausgetragen. Auf einer Regattastrecke können meistens sechs bis acht Boote gleichzeitig starten, je nach Breite des Gewässers. Dabei steht für jedes Boot in der Regel eine eigene Bahn zur Verfügung, die durch Bojen von der des Nachbarn getrennt ist. Ein Schiedsrichter, der im Motorboot dem Starterfeld folgt, sorgt mit Megafon und Handfahne dafür, dass kein Boot seine Bahn verlässt.

Ruderwettbewerb

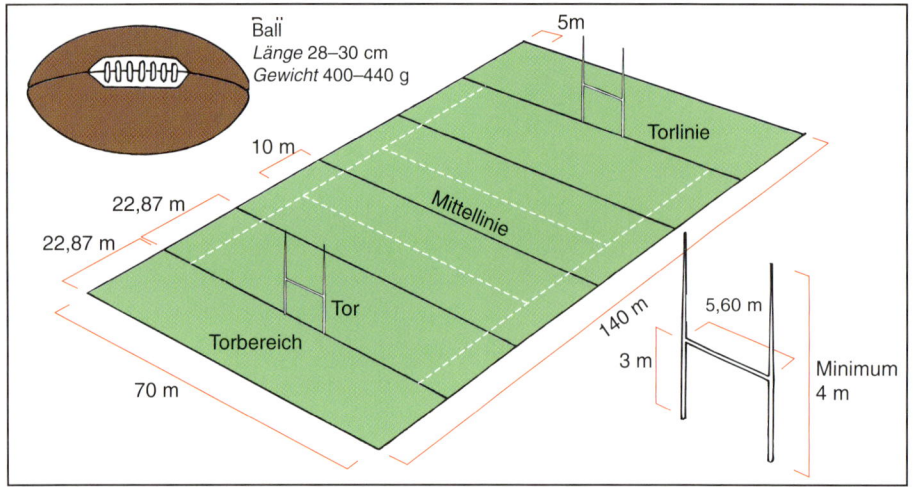

Ball
Länge 28–30 cm
Gewicht 400–440 g

5m

Torlinie

10 m

22,87 m

Mittellinie

22,87 m

Tor

140 m

5,60 m

Torbereich

3 m

Minimum
4 m

70 m

Rugbyspielfeld

Rugby

Das Ziel kann deshalb nur auf vier verschiedene Arten erreicht werden: durch Überlaufen des Gegenspielers durch Körpertäuschung (Sidestep), oder durch einen kleinen Kick mit dem Ball über den Gegner und anschließendem Nachlaufen. Es ist auch möglich, dass die angreifende Mannschaft versucht, durch Passen schräg nach hinten der gegnerischen Verteidigung auszuweichen, oder, dass mehrere Spieler einander festhalten und versuchen, den Gegner in Richtung seines eigenen Torbereiches zu drücken. Um das Vorankommen eines Gegenspielers zu verhindern, gibt es nur die Möglichkeit, ihn unterhalb des Halsbereichs festzuhalten, das so genannte „Tackling". Jede andere Art, den Gegner zu stoppen, wie

Im 18. Jahrhundert war Rugby ein kleines Städtchen in England mit einer Privatschule. Wie überall spielte man dort **Fußball**. 1823 sorgte ein Spieler namens William Webb Ellis für eine Revolution: Während eines Fußballspiels war er vom Spielverlauf so frustriert, dass er sich den Ball unter den Arm klemmte und damit über die Torlinie rannte. Daraus entstand die Legende, er habe das Spiel Rugby erfunden. Noch heute trägt die Rugby-Weltmeisterschaft seinen Namen. 1863 versuchte man, die unterschiedlichen Regeln zu vereinheitlichen, und gründete dazu den englischen Fußballverband FA (Football Association). Doch einige Vereine waren mit den Regeln nicht einverstanden und zogen sich aus dem Verband zurück. Sie gründeten daraufhin 1871 die Rugby Football Union (RFU), welche die offiziellen Rugby-Regeln aufstellte. 1895 gab es bereits den nächsten Streit, diesmal innerhalb der RFU. 21 Clubs vor allem aus Nordengland spalteten sich ab. So entstand die Rugby League. Bis heute gibt es

beide Variationen. In Deutschland wird Rugby auch schon seit über 100 Jahren gespielt.

Das Spielziel

Die Spieler müssen versuchen, den Ball (das „Ei") im Torbereich des Gegners niederzulegen. Damit ihnen das gelingt, müssen sie die gegnerischen Spieler überwinden. Schwierig ist dabei, dass die Spieler den Ball nicht nach vorne werfen dürfen.

Rugbyspieler im Match

Beinstellen, Schlagen oder Halten am Hals, ist verboten.

Die Regeln

Die Spielfläche umfasst das Spielfeld (nicht mehr als 100 Meter lang und nicht breiter als 69 Meter) und die Torbereiche. Auf den Torlinien stehen Goals (Tore), deren Pfosten 5,60 Meter voneinander entfernt sind. Die Latte befindet sich in drei Meter Höhe. Der Ball ist oval, 28 bis 30 Zentimeter lang und 400 bis 440 Gramm schwer. Er ist deshalb oval, weil er von den Spielern beim Laufen besser getragen werden kann als ein runder Ball. Ein Spiel dauert in der Regel zweimal 40 Minuten. Die Pause zwischen den beiden Halbzeiten ist auf fünf Minuten festgelegt.

Die Mannschaft

Eine Mannschaft besteht immer aus 15 Spielern (Rugby League 13). Es gibt aber auch große Turniere, bei denen pro Mannschaft nur sieben Spieler eingesetzt werden (7er-Rugby). Die 15er-Mannschaften setzen sich aus acht Stürmern, zwei Halbspielern, vier Dreiviertelspielern und dem Schlussmann zusammen. Der Sturm besteht aus drei Reihen.

Die Wertung

Ein erfolgreicher Versuch, den Ball im Torbereich abzulegen, bringt fünf Punkte (Rugby League: vier Punkte). Danach gibt es für die Mannschaft einen so genannten Zusatzkick, der über die Querlatte zwischen den beiden

DIE WETTKÄMPFE

Der wichtigste internationale Wettkampf im Rugby ist die seit 1987 alle vier Jahre ausgetragene Weltmeisterschaft mit derzeit 20 Teilnehmern. Es gibt auch eine Weltmeisterschaft der Rugby League. Diese findet nur unregelmäßig statt. Die wichtigen jährlich stattfindenden internationalen Turniere sind das zwischen den besten europäischen Teams ausgetragene Six Nations sowie das zwischen Neuseeland, Australien und Südafrika ausgetragene Tri Nations. Amtierender Weltmeister ist England, das Australien im Oktober 2003 in Sydney nach Verlängerung bezwang.

Pfosten getroffen werden muss. Dafür gibt es zwei weitere Punkte. Auch aus dem Spiel heraus kann man den Ball über die Latte kicken. Dieser so genannte Dropkick bringt drei Punkte (Rugby League: einen Punkt). Nach einem schweren Regelverstoß des Gegners kann ein Straftritt verhängt werden, der bei erfolgreichem Abschluss ebenfalls drei Punkte (Rugby League: einen Punkt) zählt. Nach Spielunterbrechungen gibt es zwei

Möglichkeiten: Das so genannte Gedränge, bei dem sich die Stürmer der Mannschaften gebeugt gegenüberstehen und den von außen eingeworfenen Ball durch Vorwärtsdrängen zu erobern suchen, und die Gasse, bei welcher der Ball vom Aus eingeworfen wird. Ein angeordnetes Gedränge wird vom Schiedsrichter nach kleineren Regelverstößen oder einem unerlaubten Vorwärtsspielen des Balles bestimmt.

Rugbyspieler beim Angriff

Schwimmen

Das Schwimmen als Körperübung lässt sich bis weit in die Geschichte der Menschheit zurückverfolgen. Wann genau Menschen es lernten, ist nicht genau nachweisbar. In allen Kulturen finden sich Hinweise auf das Baden in heißen Quellen, natürlichen Gewässern oder künstlich gebauten Bädern. Die ältesten bekannten Höhlenzeichnungen über das Schwimmen wurden ausgerechnet in der Sahara gefunden. In lybischen Höhlen fand man Zeichnungen aus der Steinzeit, die das Brustschwimmen darstellen. Ein ägyptisches Gefäß aus Ton von zirka 4000 bis 9000 Jahre vor Christus zeigt vier Schwimmer mit Arm- und Beinstellung in der Form des Wechselschlags, ähnlich dem heutigen Kraulen. In der Antike bei den Griechen und den Römern wurde das Schwimmen und Baden besonders geschätzt. In alten Sagen der Germanen ist ebenfalls häufig die Rede vom Schwimmen. Es spielte bei der Jagd und bei kriegerischen Auseinandersetzungen eine große Rolle. Von den Germanen ist auch bekannt, dass Schwimmwettkämpfe abgehalten wurden. Im Laufe der folgenden Jahrhunderte erlangte das Baden und Schwimmen durch die Vorherrschaft des Christentums einen schlechten Ruf, es wurde als unsittlich erachtet. Doch es setzte sich trotzdem wieder durch.

1538 schrieb Nicolas Wynman aus Ingolstadt das erste Schwimm-Lehrbuch der Welt. Es enthielt Grundsätzliches über die Technik des Schwimmens, besonders zur Entwicklung des Brustschwimmens. 1774 wurde in Frankfurt am Main die erste deutsche Badeanstalt eingerichtet und 1837 der erste deutsche Schwimmverein gegründet. Die sportliche Entwicklung begann wohl 1843 mit studentischen Wettkämpfen in London. Erste Meisterschaften gab es 1855 in England und 1893 in Deutschland. Gleichzeitig wurden auch erste Frauen-Schwimmvereine gegründet. Anfangs kannte man nur das Brustschwimmen, bis der englische Trainer Arthur Trudgeon 1870 auf einer Reise nach Südamerika eine Art Kraulstil sah, den er in England weiterentwickelte. Bei den ersten Olympischen Spielen in Athen 1886 waren die Schwimmer bereits mit vier Wettbewerben dabei, obwohl sie international noch nicht

Schwimmwettbewerb

organisiert waren. Ab Stockholm 1912 schwammen auch die Frauen bei der Olympiade mit (100 Meter Kraul und Kraulstaffel).

Kraul (auch Freistil genannt)

Kraulschwimmen ist die grundlegende Schwimmart, auf der Rücken, Delfin und Schmetterling basieren. Sie wird meist bei den Freistil-Wettbewerben geschwommen und deshalb auch oft so bezeichnet. Beim Kraulschwimmen zieht der Schwimmer abwechselnd seine nach vorn ausgestreckten Arme mit der Handfläche nach unten durch das Wasser, während der andere Arm mit entspanntem Ellbogen wieder durch die Luft nach vorn bewegt wird. Die Armbewegungen werden durch

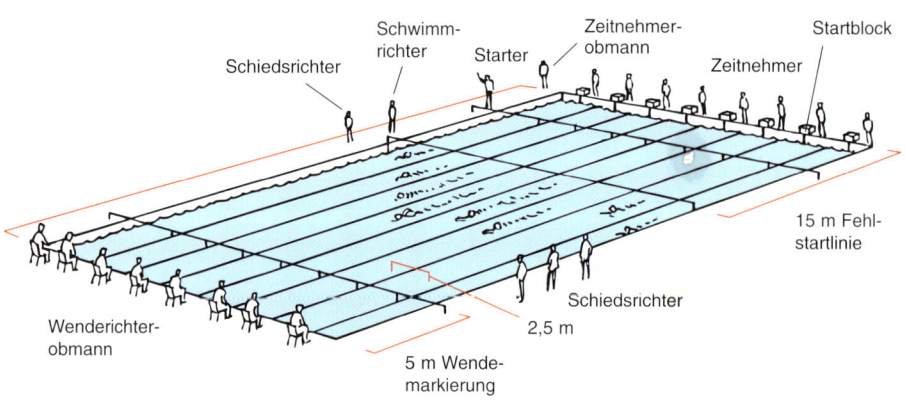

Schwimmen

Kraul

enlage befindet. Abwechselnd wird ein Arm neben dem Bein vor geschwungen und über den Kopf geführt, wobei die Handfläche nach außen gewandt ist, während der andere Arm den Körper durch das Wasser zieht. Mit den Beinen wird der Beinschlag ausgeführt. Während eines Armzuges wird einmal geatmet.

Brustschwimmen

Das ist der älteste Schwimmstil, der sich im Wettkampf sehr von der landläufigen Technik unterscheidet. Beim Brustschwimmen befindet sich der Schwimmer möglichst parallel zur Wasseroberfläche, die Arme sind geradlinig nach vorn gerichtet. Die Handflächen zeigen nach unten und führen die folgenden Bewegungen durch: Die Hände werden vor der Brust nach vorne bewegt, dann werden die Arme unter der Wasseroberfläche nach hinten gezogen. Die Beine werden dicht zum Körper hin angezogen, mit Knien und Zehen nach außen gedreht und dann gegrätscht, wenn sich die Arme wieder in Ausgangsposition befinden. Dann beginnt der Bewegungsablauf erneut. Der Schwimmer atmet unter Wasser aus. Die Armzüge müssen seitlich und nicht senkrecht erfolgen, das ist ein wichtiger Punkt beim Wettkampfschwimmen.

wechselseitige Ab- und Aufwärtsbewegung der Beine unterstützt. Man rechnet mit etwa vier bis acht Beinschlägen pro Armbewegung. Die richtige Atmung ist bei diesem Schwimmstil sehr wichtig. Der Schimmer atmet mit dem Mund ein, indem er den Kopf in die Richtung des Armes wendet, der nach vorn schwingt, und atmet

dann unter Wasser aus, wenn der andere Arm aus dem Wasser wieder zum Vorschein kommt.

Delfin (auch Butterfly oder Schmetterling)

Beide Arme werden über dem Wasser nach vorne geführt und dann gleichzeitig unter Wasser nach hinten gezogen. Die Bewegung der Arme erfolgt ohne Unterbrechung und wird von einer wellenförmigen Bewegung der Hüften begleitet. Die Beine werden gleichzeitig auf und ab bewegt (Delfinschlag). Zwei Beinschläge werden während eines Armzuges ausgeführt. Bis zum Anfang der Schwungphase wird eingeatmet, das Ausatmen erfolgt unter Wasser.

Rücken

Das Rückenschwimmen hat vom Bewegungsablauf Ähnlichkeit mit dem Kraulstil, wobei sich der Schwimmer jedoch in der Rück-

Lagen

So heißen die vier häufigsten Schwimmarten in einer Disziplin zusammen. Im Einzelwettbe-

Delfin

Brustschwimmen

werb folgt nach Delfin Rücken, Brust und schließlich Freistil. Durch diese Reihenfolge werden abwechselnd Arme (Delfin und Brust) und Beine (Rücken und Freistil) belastet. Bei Staffelwettbewerben wird mit Rücken begonnen und dann folgen Brust, Delfin und Freistil. Diese Disziplin erfordert die perfekte Beherrschung aller Stilarten, wodurch die Lagenschwimmer so etwas wie die Mehrkämpfer der Schwimmer sind.

Mark Andrew Spitz

Mark Andrew Spitz (geboren am 10. Februar 1950 in Modesto, USA), hat bei den Olympischen Sommerspielen 1972 in München sieben Goldmedaillen gewonnen und dabei jeweils einen Weltrekord aufgestellt. Insgesamt holte er elf Medaillen und ist mit dieser Leistung bisher ungeschlagen.

Franziska van Almsick

Franziska „Franzi" van Almsick (geboren am 5. April 1978 in Ber-

lin, Deutschland) gewann 1992 über 100 Meter Freistil bei den Olympischen Sommerspielen in Barcelona. 1992 stellte sie den Weltrekord in der Disziplin über 50 Meter Freistil auf. 1993 konnte sie beim Weltcup dreimal einen neuen Weltrekord aufstellen und wurde Weltcup-Gesamtsiegerin. 1993 bei den Europameisterschaften in England gewann sie sechs Goldmedaillen und wurde für ihre Leistungen zur Weltsportlerin des Jahres gewählt. 1994 wurde sie Weltmeisterin und stellte gleichzeitig einen neuen Weltrekord über 200 Meter Freistil auf. 2002 wurde sie zur deutschen Sportlerin des Jahres gekürt. Grund dafür war ihr Comeback bei den Weltmeisterschaften in Berlin: Sie verbesserte ihren eigenen Weltrekord über 200 Meter Freistil nach acht Jahren erneut. Bei den Olympischen Spielen 2004 gewann sie mit der 4x100 Meter Freistilstaffel (mit neuem Europarekord) und der 4x200 Meter Lagenstaffel jeweils die Bronzemedaille.

Michael Phelps

Michael Phelps (geboren 1985, USA) schaffte seinen Durchbruch, als er 2000 den Weltrekord über 200 Meter Schmetterling brach. Bei den US-amerikanischen Schwimm-Meisterschaften in Fort Lauderdale brach er zudem den Weltrekord über 400 Meter Lagen und setzte neue nationale Bestmarken über 100 Meter Schmetterling und 200 Meter Lagen. 2003 verbesserte er seinen 400-Meter-Lagen-Weltre-

Schwimmer am Startblock

über 200 Meter Freistil und mit der Staffel über 4x100 Meter Freistil.

Synchronschwimmen

Unter dem Namen Wasserballett oder Reigenschwimmen ist Synchronschwimmen schon seit über 100 Jahren bekannt. 1984 in Los Angeles war es zum ersten Mal ein olympischer Wettbewerb. Es gibt drei traditionelle Disziplinen bei der Olympiade: Solo, Duett und Gruppe (mit vier bis acht Teilnehmerinnen). Seit einigen Jahren wird als vierte Variante die Kombination geschwommen. Dabei sind bis zu zehn Schwimmer zugelassen. In dieser Kür werden Solo-, Duett- und Gruppenelemente aneinander geschwommen. Wie beim Eislaufen werden bei der Bewertung einer Kür Punkte vergeben (1 bis 10), wobei die Art der Darbietung ebenso bewertet wird wie die Zeit. Es gibt eine technische Kür, die 2:50 Minuten dauert, und eine Kür von 4:45 bis 5:15 Minuten.

kord auf 4:09.09 Minuten und den über 200 Meter Lagen auf 1:56.04 Minuten. Während der Vorausscheidung für die Olympischen Spiele 2004 stellte er abermals eine neue Bestzeit über 400 Meter Lagen auf (4:08.41 Minuten), die er im Finale der Spiele in Athen auf 4:08.26 Minuten verbesserte und damit seine erste Goldmedaille gewinnen konnte. Außerdem gewann er Gold über 100 und 200 Meter Schmetterling, 200 und 400 Meter Lagen und mit der US-Staffel über 4x 200 Meter Freistil sowie Bronze

Segeln

Seitdem Schiffe die Weltmeere befahren, gibt es Wettbewerbe zwischen den Seeleuten. Das sportliche Segeln begann wohl im 18. Jahrhundert in Irland. 1828 wurde in Schweden der erste Segelverein gegründet. 1850 fand die erste Regatta auf der Hamburger Alster statt. Seit 1851 gibt es den America's Cup, die erste internationale Wettfahrt. 1855 wurde der erste deutsche Segelklub gegründet, 1882 startete in Kiel der Vorläufer der heutigen Kieler Woche. Olympisch wurde der Segelsport in

Regatten können bis zu mehreren Monaten dauern

Paris 1900 mit sieben Klassen. Seitdem wurden die Bootsklassen ständig verändert und erst spät einigermaßen standardisiert (angeglichen), was jeweils mit der zeitgenössischen Mode einzelner Bootsgattungen zusammenhing. Frauen konnten in den Teams schon immer teilnehmen. In Seoul 1988 wurden erstmals eigenständige Frauen-Wettbewerbe eingeführt. Seit Los Angeles 1984 ist das beliebte Windsurfen Bestandteil des olympischen Sportprogramms.

Wie funktioniert das Segeln?

Segeln ist das Ausnutzen des Windes zur Fortbewegung eines Segelbootes oder -schiffes. Der Wind ist ausschlaggebend: Kommt er von hinten, werden die Segel rechtwinklig zur Windrichtung gestellt. Kommt er von vorn, muss das Ziel durch so genanntes Kreuzen angesteuert werden. Bei Seitenwind werden die Segel so gestellt, dass der Wind und die Kielrichtung einen Winkel bilden

Die Boote

Die modernen Segelboote sind aus Holz, Aluminium, Glasfaser oder Kunststoff gebaut. Man unterscheidet heute bei Segelschiffen hauptsächlich zwischen Kieljachten und Jollen. Für große Segelschiffe, wie sie früher gebaut wurden, gibt es noch eine Fülle von weiteren Bezeichnungen, die sich nach der Art der Takelung richten. Bei den Segeln unterscheidet man zwischen Schratsegeln und Rahsegeln.

Segeljacht

Bei einer Segeljacht (Kieljacht) liegt der Masseschwerpunkt, anders als bei Jolle und Surfbrett, unterhalb des so genannten Formschwerpunktes, das bedeutet, sie ist unter Wasser schwerer als darüber. Eine schräg liegende Jacht richtet sich von allein wieder auf, sobald die Krafteinwirkung (beispielsweise durch Winddruck) endet. Dieser Effekt wird durch einen Ballast unterhalb des Rumpfes, den Kiel oder das Kielschwert, erreicht. Eine Jacht kann nicht kentern,

Regatta-Wettkampf

aber durch das hohe Gewicht des Ballastes ist eine durch Leck oder Öffnungen undichte Jacht sinkbar.

Jolle

Bei der Jolle liegt der Masseschwerpunkt in der Mitte des Schiffs, oberhalb des so genannten Formschwerpunkts. Eine schräge Jolle richtet sich nur sehr schwer von allein wieder auf. Bei stärkerem Wind oder in Böen verlagert die Crew (Mannschaft) deshalb ihr Körpergewicht nach außen. Dadurch verlagert sich der Masseschwerpunkt der Jolle und sie stabili-

Segel im Wind

REGATTA

Eine vorher abgestimmte Strecke wird von zwei (Matchrace) oder mehr (Fleetrace) Booten zur selben Zeit befahren. Die Dauer eines Wettkampfes kann von Stunden bei Jollenregatten bis zu Monaten bei Hochseeregatten (zum Beispiel Volvo Ocean Race) betragen. Gleiches gilt für die Kosten zur Ausübung des Sports: Ein Team beim America's Cup braucht Millionen, um überhaupt teilnehmen zu können, während in der Laserklasse (Ein-Mann-Boot) bereits mit normalen Mitteln internationale Erfolge erlangt werden können.

siert sich wieder. Reagiert die Besatzung nicht oder nicht rechtzeitig auf Veränderungen des Winddrucks oder bei Böen, kann die Jolle kentern. Eine Jolle ist mit festen und losen Auftriebskörpern ausgestattet, so dass sie zwar kentern, aber nicht sinken kann.

Zubehör

Als Takelage oder Takelung bezeichnet man das Tauwerk, die Masten und Segel eines Bootes oder Schiffes. Das Rahsegel ist meist rechteckig oder trapezförmig und wird unter einer Rah genannten waagerechten Stange gespannt. Es dient dem Vortrieb auf großen Segelschiffen durch Windwiderstand oder Wind-

strömung. Schratsegel ist ein Sammelbegriff für alle Segel, die in Richtung der Schiffslängsachse gesetzt werden. Auf modernen Jollen und Yachten werden am Wind nur Schratsegel eingesetzt, da sie eine schnellere Fahrt erlauben und einfacher zu bedienen sind. Schratsegel sind meist dreieckig.

Segeljacht

Skateboarding

Ende der 1950er Jahre haben findige Tüftler in Kalifornien den Vorläufer des Skateboard entwickelt, um bei wenig Wellengang eine Alternative zum Surfbrett zu haben. In den 1960er Jahren entwickelte sich das Skateboarding schließlich zu einer eigenen Wettkampfsportart. Mitte der 1970er Jahre gab es einen ersten Boom dieser Sportart in den USA und in Europa. Um die Sportart ungestört ausüben zu können, wurden extra Parks angelegt. Mitte der 1980er Jahre gab es einen zweiten Boom. Als Sportstätte wurden dabei auch besonders geeignete Gegebenheiten der Innenstädte entdeckt, zum Beispiel Treppengeländer. Einen großen technischen Fortschritt bedeuteten die Entwicklung von Kunststoffrollen mit besseren Haft- und Rolleigenschaften sowie die Konstruktion des im Prinzip heute noch gebräuchlichen Achssystems. Dies ermöglicht durch Verlagerung des Gewichts das Lenken des Skateboard. Im Gegensatz zum **Snowboard** besteht zwischen dem Fahrer und dem Brett an den Füßen keine feste Verbindung. In den frühen 1990er Jahren wandelte sich die Form des normalen Street-Skateboard zu einem schlankeren, fast symmetrischen Zuschnitt. Durch diese Bauweise und die dadurch ermöglichten Bewegungsabläufe und Hebelwirkungen wurden ganz neue Tricks ausführbar.

Das Skateboard und die Ausrüstung

Ein Skateboard ist zwar verhältnismäßig einfach aufgebaut, aber die Einzelteile sollten je nach Verwendungszweck sorgfältig ausgewählt werden. Wichtig ist in jedem Fall, beim Skateboarding eine gute Schutzausrüstung zu tragen. Bis man die Tricks auf dem Skateboard beherrscht, wird man sicherlich öfters stürzen.

Freestyle

Eine Skateboarddisziplin der ersten Stunde ist der Freestyle, bei dem der Skater auf einem Parcours ohne Hindernisse oder Hilfsmittel fährt. Er präsentiert auf ebener Fläche seine Tricks in einer zweiminütigen Kür zu Musik. Schwierige Tricks werden dabei ebenso gezeigt wie tanzartige Moves (Bewegungen), beides nach Möglichkeit passend zur Musik.

Skateboarder

Skater in der Halfpipe

Streetstyle

Streetstyle nennt man einerseits die alltägliche Form des Skateboarding, die auf der Straße geschieht, andererseits die Wettkampfdisziplin, die daraus hervorgegangen ist und bei der die Tricks auf künstlichen Anlagen vorgeführt werden. Beim Streetstyle geht es vor allem darum, Höhenunterschiede oder Hindernisse wie Stufen, Schrägen, Bänke oder Geländer zu überwinden oder zu überspringen. Ein grundlegender Trick dafür ist der „Ollie", bei dem man mit dem Skateboard vom Boden abheben und einen Luftsprung machen kann, ohne die Hände zu Hilfe zu nehmen. Durch einen Tritt auf den hinteren Teil richtet man das Skateboard auf und führt es beim Sprung mit den Füßen mit. Mit diesem Trick kann man eine Erhöhung hinauf- oder über ein Hindernis hinweg springen.

Halfpipe

Die Halfpipe (englisch für halbes Rohr) gleicht einer Wanne ohne Wände an den Längsseiten: eine Fahrbahn mit Sprungschanzen an beiden Enden, die bis zur Senkrechten gerundet sind. Die gesamte Anlage besteht aus Stahl oder Holz, als Belag werden meist Buchenholzplatten verwendet. Die Halfpipe ist vier bis zwölf Meter breit, das flache Mittelstück (Flat Bottom) ist meist vier bis fünf Meter lang. Die Rundungen (Transitions) haben in der Regel einen Radius von etwa drei Metern, die vertikalen Steilstücke (Verticals oder kurz Verts) eine Höhe von 20 bis 40 Zentimetern. Den Abschluss bildet ein Stahlrohr (Coping) mit einem Durchmesser von etwa sieben Zentimetern, das bei Airtricks (Luftsprünge) den zum Absprung nötigen Druck auf die Rollen bringt und auch bei vielen anderen Tricks von den Skatboardern benutzt wird.

SNAKEBOARDING

Eine Variante des Skateboardings ist das Snakeboarding. Hierbei gleitet man auf einer Kunststoffschiene, die an beiden Enden mit je einer beweglichen Fußplatte verbunden ist. Auf diesen Platten werden die Füße festgeschnallt, darunter befindet sich je eine Achse mit zwei Rollen. Beim Fahren müssen die Fußspitzen abwechselnd nach innen und außen bewegt werden, so dass sich das Brett schlängelnd fortbewegt. Die neue Sportart wurde um 1990 in den USA erfunden. In Deutschland gibt es nur wenige Anhänger, da das Snakeboarding wegen seiner komplizierten Fahrtechnik sehr viel schwieriger ist als Skateboarding.

Skifahren

Skifahren

Das Skifahren zählt seit vielen Jahren zu einer der beliebtesten Wintersportarten. Skifahren nahm seinen Anfang schon in der Steinzeit. Im Norden Europas gefundene Höhlenzeichnungen zeigen Jäger mit Brettern an ihren Füßen. Die ersten Skier stammen aus dem Jahr 2500 vor Christus und wurden auf dem Gebiet des heutigen Schweden gefunden. Die isländische Edda-Sage aus dem Jahr 1000 zeugt davon, dass Skier für Wettbewerbe verwendet wurden. Damals waren Skier breit und schwer und man benutzte nur einen Stock, um sich damit wie mit einem Ruder auf der Oberfläche zu bewegen. Viele halten Sondre

Norheim aus Norwegen für den Vater des modernen Skifahrens. Er wurde in der Region Telemark geboren und veränderte im Jahr 1868 radikal das Aussehen der damaligen Skier, er machte sie schmaler und erfand die Fersenbindung. Die neue Form und die festeren Bindungen ermöglichten bessere Kontrolle und mehr Manövrierfähigkeit. Die erste Disziplin, die sich entwickelte, war nordisches Skifahren, wozu der heutige **Langlauf** gehört. Skifahren als Sport und Unterhaltung verbreitete sich von Norwegen aus über die ganze Welt. Der Österreicher Mathias Zdarsky (1856-1950) gilt als Begründer der alpinen Skilauftechnik. Nach vielen Versuchen schuf er die Lilienfelder Skibindung, die erstmals Steilabfahrten und Torläufe ermöglichte. Er entwickelte die Skifahrtechnik mit dem Stemmbogen und organisierte 1905 den ersten Torlauf der Skigeschichte.

Schwungtechniken

Es gibt verschiedene Techniken auf Skiern und Snowboards einen Schwung auszuführen. Je nach Können und nach Schnee- und Geländeverhältnissen sowie Geschwindigkeit werden sie verschieden ausgeführt.

Stemmschwung: Der Sportler stemmt den äußeren Ski zur Schwungauslösung aus. Spätestens nach dem Schwung wird

Skirennfahrer

der kurveninnere Ski wieder herangezogen.

Parallelschwung: Der Sportler entlastet die Skier durch das

Skifahren

BODE MILLER

Der Amerikaner **Bode Miller** (geboren am 12. Oktober 1977 in Easton Valley, USA) ist der erfolgreichste amerikanische Skirennläufer. Er ist bekannt für seinen risikoreichen Fahrstil. Bei Skirennen fährt er nach dem Prinzip „Alles oder nichts". Als einer der wenigen im Skizirkus konnte er in allen Disziplinen gewinnen. Dies gelang bisher nur vier weiteren Skirennläufern: Pirmin Zurbriggen, Marc Giradelli, Günther Mader und Kjetil Andre Aamodt. 2003 und 2004 wurde er Weltcupsieger in der Kombination. Bei der WM 2003 holte er in diesen Disziplinen Gold, bei der WM 2005 in Bormio gewann er Gold in Super-G und Abfahrt. Mit seinemSieg im Dezember in Val d'Isère stellte er einen Weltrekord auf, da er nur 16 Tage brauchte, um in allen vier Hauptdisziplinen zu gewinnen.

Strecken des Körpers und dreht die Skier aktiv mit den Beinen. Die Skier bleiben parallel (gerade nebeneinander).

Umsteigeschwung: Der Sportler unterstützt das Aneinanderreihen von Parallelschwüngen zum Kurzschwung durch ein Wechseln der Belastung auf den jeweiligen kurvenäußeren Ski (Umsteigen).

Carving: (von englisch carve: schnitzen) ist eine Weiterentwicklung der konventionellen Ski- (oder auch Snowboard-) Technik, bei der die Schwünge vollständig auf der Kante gefahren werden. Bereits vor der Entwicklung des speziellen Carving-Skis war diese Technik im Rennsport bekannt und hieß dort Steuern.

Ski alpin

Beim Wettkampf in den jeweiligen Disziplinen laufen die Sportler eine durch Stangen begrenzte Strecke. Nur beim Torlauf gibt es den Parallelslalom. Der Sport ist seit den Winterspielen 1936 olympisch. Jährlich in der Wintersaison wird für Männer und Frauen der Ski-Weltcup ausgetragen. Alle zwei Jahre findet eine alpine Ski-Weltmeisterschaft statt, bei welcher in allen Disziplinen WM-Medaillen vergeben werden.

Abfahrtslauf

Der Abfahrtslauf ist die älteste Disziplin des Ski alpin. Er ist auch der längste und schnellste alpine Wettbewerb.

Super-G

Der Super-G (Abkürzung für „Super Giant Slalom") ist neben der Abfahrt die zweite Speed-Disziplin (Geschwindigkeit) im Ski alpin. Die Strecke ist kür-zer und langsamer als bei der Abfahrt, aber technisch anspruchsvoller. Es gibt mehr und enger gesetzte Tore als bei der Abfahrt.

Riesenslalom

Der Riesenslalom ist die schnellere der beiden technischen Disziplinen. Die Tore sind im Verhältnis zum Super-G enger gesetzt, so dass im Grunde ständig Richtungswechsel erfolgen müssen.

Im Gegensatz zum Slalom ist allerdings noch ein flüssiger, gleitender Rhythmus möglich.

Slalom

Der nach der Abfahrt älteste Wettbewerb ist gleichzeitig der technisch anspruchsvollste. Geprägt wird der Slalom von im Abstand von wenigen Metern gesetzten Toren.

Parallelslalom

Um den Zuschauern dramatische Skirennen zu bieten, fahren zwei Sportler nach einem K.o.-System. Die Sieger jedes Zweierrennens steigen eine Runde auf. Im Parallelslalom werden keine Medaillen vergeben.

KOMBINATION

Die alpine Kombination besteht aus einem Abfahrtslauf und einem Slalom. Die Weltcupwertung für die Kombination wird aus den regulären Wettbewerben errechnet.

Skifahrer im Tiefschnee

Skispringen

Skispringer

Wie auch der **Langlauf** gehört das Skispringen zur Nordischen Kombination.

Wie funktioniert das Skispringen?

Die Sportler fahren auf Skiern in einer vorgegebenen Schneespur als Anlauf die Sprungschanze hinab. Am so genannten Schanzentisch, der Rampe am Ende, springen sie ab und müssen einen möglichst weiten Sprung mit guter Körperhaltung und guter Landung zeigen. Die Weite des Sprungs wird danach mit der von mehreren Punktrichtern benoteten Flug- und Landetechnik zusammengezählt.

Technik

Die Skisprung-Technik hat sich im Laufe der Zeit deutlich verändert. Früher ruderten die Skispringer während des Sprungs

WARUM FLIEGEN DIE SKISPRINGER?

Das Fliegen funktioniert so ähnlich wie beim Flugzeug: Der Auftrieb spielt dabei eine wichtige Rolle. Er wird dadurch erzeugt, dass die Luft durch die langen Skier an der unteren Seite des Springers einen kürzeren Weg zurück legt als auf der Oberseite.

bei parallelen Skiern mit den Armen. Später streckte man die Arme aus oder hielt sie eng am Körper. Die bislang letzte technische Revolution gab es Anfang der 1990er Jahre, als sich der Flugstil mit V-förmig gespreizten Skiern (V-Stil) durchsetzte.

Weltcup

Die besten Skispringer nehmen am Skisprung-Weltcup teil, einer während des gesamten Winters ausgetragenen Reihe von mehreren Veranstaltungen. Diese finden auch in verschiedenen Ländern, vor allem Nord- und Mitteleuropa, in Japan und den USA, statt. Neben den normalen Ein-

Michael Uhrmann im Flug

JANNE AHONEN

Der Finne **Janne Ahonen** (geboren am 11. Mai 1977 in Lahti) ist einer der erfolgreichsten Skispringer der letzten Jahre. Er holte sich 1997 die WM-Goldmedaille auf der Kleinschanze und gewann von 1998 bis 2005 die Vierschanzentournee. Er erzielte bislang insgesamt 30 Weltcup-Siege, womit er den dritten Rang in der ewigen Besten-Liste einnimmt. Mit seinem Sieg in Innsbruck im Januar 2005 gewann er als erster Skispringer sechs Weltcup-Springen in Folge. Beim Springen in Titisee-Neustadt 2005 stellte er mit zwölf Saison-Siegen einen neuen Rekord an auf. Er wird wegen seiner schnittigen Brille und seiner unbeweglichen Mine von den Sportjournalisten „die Maske" genannt.

zelwettbewerben gibt es auch nach Nationen ausgetragene Team-Wettbewerbe.

Vierschanzentournee

Seit 1952 findet jährlich über den Jahreswechsel auf vier Sprungschanzen in Deutschland und Österreich die Vierschanzentournee statt. Der Gewinn ist genauso anerkannt wie ein Weltmeistertitel.

Weltmeisterschaft

Die nordischen Ski-Weltmeisterschaften gab es erstmals 1937. Sie finden heute alle zwei Jahre im Frühjahr statt. Neben der nordischen Ski-WM gibt es seit 1972 eine Skiflug-Weltmeisterschaft, die in jedem geraden Jahr durchgeführt wird.

Janne Ahonen auf der Sprungschanze

Snowboarding

Mitte der 1960er Jahre wollte der amerikanische Wellenreiter Sherman Oppen seinen Lieblingssport auch im Winter auf Schnee betreiben. Es heißt, dass er 1965 das erste snowboardähnliche Gerät (zwei zusammengebaute Wasserskier) seinen Kindern zu Weihnachten schenkte. Er verbesserte seine Erfindung und im Winter 1966/67 ging sein Snurfer (vom Englischen snow surfer, Schnee-Surfer) in Produktion. Innerhalb von zehn Jahren wurden fast eine Million Snurfer verkauft. Den richtigen Durchbruch schafften sie aber nie. Auf eine wichtige Entwicklung kam Jake Burton Carpenter. Er montierte Fußschlaufen aus verstellbaren Gummiriemen und eine Anti-Rutschfläche auf das Brett. Die Erfindung war ein Erfolg. Mit 23 Jahren gründete Jake Burton 1977 in Vermont seine eigene Firma um die Bretter herzustellen. In Europa waren die ersten Eigenkonstruktionen Anfang der 1980er Jahre zu sehen. Doch mit der Zeit sind aus den Snurfern schließlich die heute bekannten Snowboards geworden: Die Bretter haben jetzt Schalenbindungen, Stahlkanten und Kunststoffbeläge. 1986 fand in St. Moritz die erste Schweizer Snowboard-Meisterschaft statt und 1988 startete eine World Cup Tour. 1998 wurde Snowboarden olympisch. Die Athleten treten dabei

Riesenslalom

in den Einzeldisziplinen Riesenslalom und Halfpipe gegeneinander an. Parallel-Riesenslalom statt Riesenslalom gibt es für Männer und Frauen seit der Olympiade in Salt Lake City 2002.

Das Board

Ein Snowboard ist ein Wintersportgerät, mit dem man auf Schnee einen Abhang herunterfährt. Im Gegensatz zum Skifahren bewegt man sich dabei nur auf einem Brett. Hersteller unterscheiden zwischen verschiedenen Boards für die jeweiligen Fahrstile. Allen gemein ist, dass sie zirka 1,40 bis 1,80 Meter lang sind und einen Kern aus Holz, Schaumstoff oder einer wabenartigen Aluminium-Konstruktion haben. An der Unterseite befindet sich ein Belag aus verschiedenen Materialien. Dieser Belag nimmt Wachs sehr gut auf und verbessert somit die Gleiteigenschaften. Die taillierte Form (Outline) besitzt auf den Seiten Stahlkanten, um den Halt auf harter Piste und damit Kurvenfahrten zu ermöglichen. Auf der Oberseite sind zwei Bindungen montiert, um die Snowboardschuhe auf dem Brett zu befestigen.

Riesenslalom

Die Disziplinen

Parallel-Riesenslalom: Beim Parallel-Riesenslalom treten zwei Snowboarder im direkten Vergleich gegeneinander an. Wer den Slalom gewinnt, kommt eine Runde weiter.

Halfpipe: Bei den Halfpipe-Wettbewerben finden zwei Läufe statt, in denen sich jeweils die besten sechs Frauen und zehn Männer qualifizieren. Die Schiedsrichter bewerten jeden Athleten entsprechend dem Schwierigkeitsgrad der Übung. Es können jeweils höchstens zehn Punkte

können, ist es wichtig, sowohl Technik als auch Kondition und Kraft ausreichend zu trainieren. Für Anfänger ist es besser, sich von professionellen Snowboard-

Freestyle

Unter Freestyle versteht man die spektakuläre Art des Snowboarding, bei der viele Tricks und Sprünge im Vordergrund stehen. Die meisten Tricks werden in der Halfpipe ausgeführt oder bei der rasanten Fahrt über Sprungschanzen gezeigt.

Freecarve

Diese Art des Snowboarding kommt ohne Sprünge und Tricks aus, es ähnelt viel mehr dem Skifahren mit vielen langgezogenen Schwüngen.

Race

Beim Race oder Racing geht es vor allem um Schnelligkeit. Die Rennen werden auf Skipisten in den Disziplinen Slalom und Riesenslalom ausgetragen.

Die Vorbereitung

Um Verletzungen zu vermeiden, ist es wichtig, sich aufzuwärmen. Neben dem Unterkörper, der zum Beispiel durch Laufen im Stand oder durch Kniebeugen aufgewärmt werden kann, ist auch der Oberkörper und vor allem der Schulterbereich (wegen der Verletzungsgefahr bei Stürzen) sehr wichtig.

Sprung mit Snowboard

vergeben werden. Sieger ist der mit der höchsten Anzahl an Punkten.

Die Fahrstile

Die verschiedenen Fahrstile unterscheiden sich nach Kondition, Kraftaufwand und Technikbeherrschung. Um Snowboarden gut zu

lehrern unterrichten zu lassen, um falsches Fahren zu vermeiden. Bei den fortgeschrittenen Snowboardern sind die Trainingsmethoden ebenso vielfältig wie die unterschiedlichen Fahrstile.

SANDBOARDING

Eine Variante des Snowboarding ist das Sandgleiten auf einem snowboardähnlichen Brett. Allerdings besitzt dieses Brett keine Kanten, sondern eine speziell präparierte Unterseite, um die Gleitfähigkeit zu erhöhen. Sandboarding wird beispielsweise auf steilen Stranddünen durchgeführt.

Squash

Die Ursprünge des Squash sind im Prinzip die gleichen wie beim **Tennis**. Parallel zu dem in Frankreich im 14. Jahrhundert entstandenen „Jeu de paume" gab es in England das Wandspiel „Fives". Es gilt als direkter Vorfahre des Squash und war bis gegen 1790 sehr beliebt auf den britischen Inseln. Der Court (das Spielfeld) des später so genannten „Rugby Fives" war mit seinen abfallenden Seitenwänden

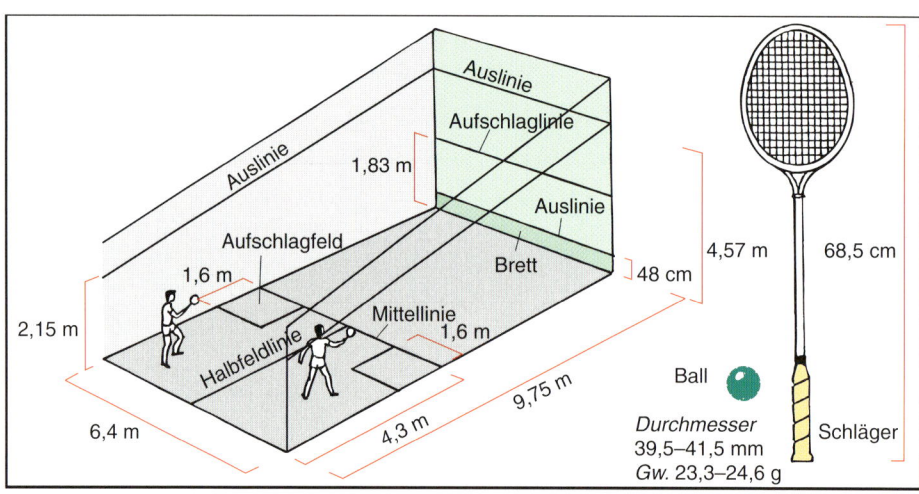

Squash

dem Squash-Spielfeld schon sehr ähnlich. Anfang des 19. Jahrhun-

derts entstand das eigentliche Squash. In der englischen Elite-

Squash-Doppel

schule Harrow School spielte man ab 1822 das „Open Court Rackets", ein einfaches Rückschlagspiel. Als Vorbereitung und zum Aufwärmen für dieses Spiel diente ein Court, der zwei im rechten Winkel zueinander stehende Wände hatte und in dem sich die Spieler mit einem weichen Ball einspielten. Der harte Ball ist beim Rackets-Spiel für die Anfänger zu schnell. So wurde damals Squash als Vorbereitung auf das Rackets-Spiel angesehen. Im Laufe der Zeit übertrugen sich fast alle Rackets-Spielregeln auf Squash, welches auch oft als „Mini-Rackets" bezeichnet wurde. Die Aufstellung von Squash-Courts war billiger, der benötigte Raum kleiner. Das Spiel breitete sich aus und wurde 1890 zum ersten Mal in der Sportliteratur erwähnt. Der weiche Ball spielte wohl eine wichtige Rolle bei der Namensgebung. Man kann Squash als „weicher Körper" übersetzen (der Squash-Ball ist sehr weich).

Das Spielfeld

Beide Spieler befinden sich in einer durch Wände begrenzten Box, die 6,40 Meter Breite mal 9,75 Meter Länge misst, dem so genannten Court. Selten gibt es auch spezielle Courts fürs Doppelspiel mit größerer Breite. Die Wände des Court werden als Vorderwand (Stirnwand), Rückwand und Seitenwände bezeichnet. Hierbei ist die Rückwand meistens aus Glas, um dem Zuschauer den freien Blick in den Court zu gewähren. An den Wänden befinden sich Markierungen, die das Spielfeld begrenzen.

Die Regeln

Jeder gültige Schlag muss ohne den Boden zu berühren auf direktem oder indirektem Weg (über die Seiten- oder Rückwand) die Vorderwand oberhalb einer bestimmten Auslinie berühren. Danach darf der Ball nicht mehr als einmal auf dem Boden aufkommen, bevor er vom Spielpartner zurückgeschlagen wird. Weil beide Spieler sich in einem gemeinsamen Spielfeld bewegen, dürfen sie den anderen Spieler nicht bei der Bewegung zum Ball oder beim Schlagen behindern.

Die Wertung

Nur bei eigenem Aufschlag kann gepunktet werden. Dabei muss der Spieler abwechselnd vom linken oder rechten Aufschlag-Viereck servieren (aus dem Viereck, für das er sich vor dem Spiel entschieden hat). Gewinnt der Gegner den Ballwechsel, so bekommt dieser das Aufschlagrecht zugesprochen. Beim Aufschlag muss der Ball geradewegs in eine vorgegebene Zone (zwischen Aufschlag und Auslinie) an der Stirnwand geschlagen werden. Der Gummiball muss dabei im gegnerischen Viereck die Spielfläche berühren, es sei denn, der Ball wird aus der Luft zurückgeschlagen.

Gespielt wird in der Regel auf zwei oder drei gewonnene Spielsätze. Der Spieler, der zuerst neun Punkte erreicht, hat den Satz gewonnen. Beim Stand von 8:8 bestimmt der Rückschläger, ob bis neun oder zehn gewonnene Punkte gespielt wird.

Das Spielgerät

Der Squash-Ball hat einen Durchmesser von 39,5 bis 40,5 Millimeter (etwa so groß wie ein Tischtennis- oder Golfball) und wiegt zwischen 23,5 und 24,5 Gramm. Sein Material ist elastisch, ähnlich wie Gummi. Der Ball muss warm gespielt werden, damit er überhaupt seine volle Sprungfähigkeit erreicht. Er wird mit speziellen Schlägern geschlagen, die schwerer als Badminton-, aber leichter als Tennisschläger sind.

Squash-Spielerin

Tennis

Die Wurzeln des Tennisspiels liegen im 14. Jahrhundert. In Frankreich gab es damals ein Spiel namens Jeu de Paume. Schläger gab es noch nicht, deshalb wurde der Ball anfangs nur mit der flachen Hand geschlagen. Auch das Wort Tennis hat einen französischen Ursprung. Es kommt von „tenez" und heißt ins Deutsche übersetzt „Nehmen Sie!". Aber es war schließlich der englische Major Walter Clopton Wingfield (1833-1912) der sich 1874 ein Spiel patentieren ließ, das als unmittelbarer Vorläufer des Tennis gilt.

Was ist Tennis?

Tennis ist ein Ballspiel für zwei oder vier Spieler. Bei einem Einzel stehen sich jeweils ein Spieler auf jeder Seite des Netzes gegenüber, beim Doppel sind es zwei Spieler auf jeder Seite. Das Spielfeld hat eine Länge von gut 23 Metern und ist in der Spielfeldmitte durch ein Netz abgeteilt. Dieses Netz geht über die gesamte Spielfeldbreite und ist ungefähr 90 Zentimeter hoch. Je nachdem, wie viele Spieler gegeneinander antreten, gibt es zwei Spielfeldbreiten. Bei einem Doppel zählen die äußersten Seitenlinien, beim Einzel die inneren Seitenlinien. Während der Partie wird ein Tennisball zwischen den Gegnern mit Schlägern hin und her geschlagen. Wichtig ist, dass ein Spieler den Ball mit jedem

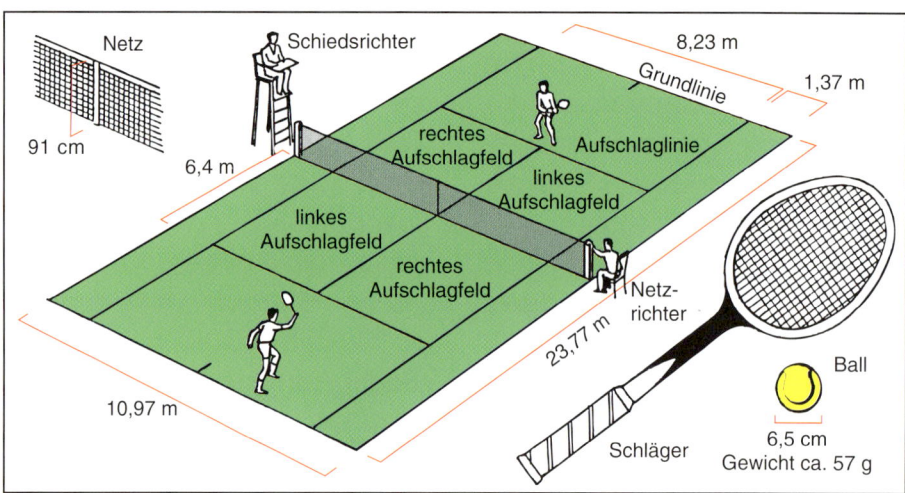

Tennis

Schlag direkt übers Netz manövriert. Hinter dem Netz darf der Ball nur einmal den Boden berühren, bevor ihn der Gegner zurückschlagen muss.
Ein Spieler erhält einen Punkt, wenn

- der Gegner den Ball ins Netz schlägt;
- der Ball im Feld des Gegners zweimal den Boden berührt;
- der Ball des Gegners beim Zurückschlagen (Return) hinter der Seiten- oder Grundlinie aufkommt.

Schlägt er den Ball so heftig, dass dieser erst außerhalb des Spielfeldes wieder aufspringt, spricht man davon, dass der Ball im Aus war.

Die verschiedenen Schläge

Vorhand: Beim Vorhand-Schlag holt man mit dem Schläger aus und führt ihn von hinten unten in einer runden Bewegung aufwärts Richtung der Schulter, die entgegengesetzt dem Schlagarm ist. Dabei sollte der Ball auf Hüfthöhe getroffen werden.

Rückhand: Will man einen Ball mit der Rückhand schlagen, muss man den Schläger in Richtung freie Hand führen. Der Arm mit dem Schläger befindet sich also vor dem eigenen Körper. Während des Schlages geht der Schläger diagonal von unten nach oben.

Aufschlag: Jeder Ballwechsel beginnt mit einem Aufschlag. Dabei wirft der Aufschläger den Ball mit der freien Hand gerade

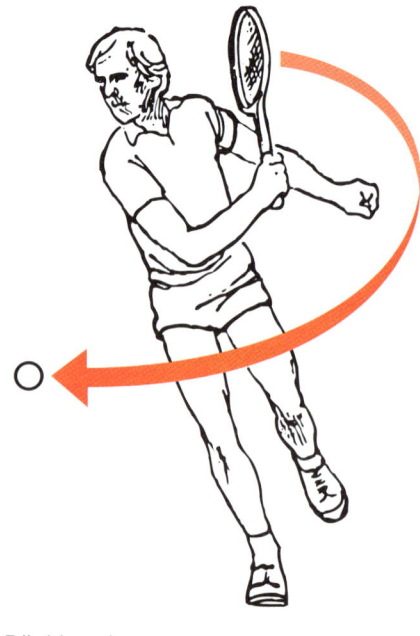

Rückhand

Vorhandschlag

schlag und meistens schwer zu erreichen.

Die Regeln

Die Linien, die das Spielfeld auf den beiden kürzeren Seiten begrenzen, sind die Grundlinien. Beim Aufschlag muss der Spieler hinter der Grundlinie stehen. Danach darf er das Spielfeld betreten. Bleibt ein Spieler an der Linie und spielt fast nur lange Schläge mit der Vor- und Rückhand, spricht man vom Grundlinienspiel. Bei dieser Spielweise versucht der Spieler nicht anzugreifen, sondern wartet, bis der Gegner einen Fehler macht. Wenn ein Spieler oft ans Netz vorrückt und viele Volleys schlägt, ist seine Spielweise offensiv, das heißt, er greift oft an.

Die Wertung

Macht ein Spieler seinen ersten Punkt in einem Spiel, werden

nach oben. Der Schläger wird hinter den Kopf geführt. Während der Ball aufwärts fliegt muss der Schläger nach vorne gelenkt werden. Wenn der Ball am höchsten Punkt des Wurfes angelangt ist, sollte er vom Schläger getroffen werden.
Volley: Der Volley ist ein Angriffsschlag, dessen Ausführung in der Regel recht weit vorne am Netz stattfindet. Der Ball wird meistens direkt genommen, das heißt, er hat nach der Netzüberquerung noch nicht den Boden berührt. Der Gegner muss blitzschnell reagieren, um einen gut platzierten Volley zu erreichen.
Lob: Als Lob bezeichnet man einen hohen Ball, der über den Gegner hinweg gespielt wird.
Schmetterball: Der Ball wird ähnlich wie der Aufschlag über Kopf geschlagen. Geschmettert werden hohe Bälle, die aber noch

erreichbar sind. Falls beispielsweise der Lob eines Spielers nicht hoch genug geschlagen wurde, kann der Gegenspieler einen Schmetterball wagen. Der Schmetterball ist ein Angriffs-

Beidhändiger Schlag

gleich 15 Punkte angezeigt. Beim zweiten Punkt hat er schon 30 Punkte auf seinem Konto. Der dritte Punkt beschert ihm 40 angezeigte Punkte. Diese Zählweise kommt aus der Zeit, als um Geld gespielt wurde und es nur entsprechende Münzen gab. Schafft ein Spieler den vierten Punkt in einem Spiel, hat er das Spiel gewonnen. Falls aber beide Spieler 40 Punkte haben, spricht man vom Einstand (Deuce). Der Spieler, der als Nächster den Punkt macht, hat den Vorteil (Advantage). Macht der Spieler mit Vorteil gleich noch einen Punkt, dann hat er das Spiel gewonnen. Macht der Gegenspieler den

BORIS BECKER

Boris Becker (geboren am 22. November 1967 in Leimen) begann im Alter von drei Jahren mit dem Tennis. Bereits 1982 wechselte er ins Profilager. Er gehörte von 1985 bis 1999 zu den besten und erfolgreichsten Tennisspielern im internationalen Profitennis. Er gewann dreimal das Rasenturnier von Wimbledon, wobei er mit 17 Jahren der jünste und gleichzeitig der erste deutsche Tennisspieler war, dem dies gelang. Insgesamt gewann Boris Becker 715 von 939 Profimatches. Es gelangen ihm 49 Turniersiege, davon sechs Grand-Slam-Triumphe. 1991 wurde er die Nummer eins der Tennis-Weltrangliste. Ein Jahr später gewann er bei den Olympischen Spielen in Barcelona die Goldmedaille im Herrendoppel. 1996 trat Boris Becker vom Profitennis zurück.

Steffi Graf bei einem Schaukampf

nächsten Punkt, herrscht wieder Einstand. Dann wird so lange weitergespielt, bis einer der beiden Spieler gewonnen hat. Während eines Spieles schlägt übrigens immer die gleiche Person auf. Ist ein Spiel beendet, hat der Gegner im nächsten Spiel den Aufschlag.

Wurden sechs Spiele von einem der beiden Gegner gewonnen, hat er den Satz für sich entschieden. Allerdings darf der Gegenspieler dabei nicht mehr als vier Punkte haben. Bei ei-

nem Spielstand von fünf zu sechs Spielen in einem Satz wird weiter gespielt. Erst wenn ein Spieler mit zwei Spielen Vorsprung führt, hat er den Satz gewonnen. Bis ein Satz entschieden ist, kann es also manchmal sehr lange dauern. Deshalb gibt es bei manchen Turnieren den Tiebreak. Dieses Sonderspiel soll bei einem Stand von sechs zu sechs

REKORDSCHLAG

Den schnellsten Aufschlag aller Zeiten machte der Tennisspieler Steve Denton: Der Ball erreichte eine Geschwindigkeit von 222 Stundenkilometer!

Spielen eine schnellere Entscheidung bringen. Der Spieler, der mit zwei Punkten Vorsprung sieben Punkte erreicht, gewinnt den Tiebreak und auch den Satz mit sieben zu sechs. Das Match hat der gewonnen, der zuerst mindestens zwei oder drei Sätze für sich entscheiden konnte.

Die Sportgeräte

Der Ball hat eine Filzhülle. Er hat einen Durchmesser von ungefähr 6,5 Zentimetern und ist rund 57 Gramm schwer. Die Schläger hatten früher einen Holzrahmen, heute werden leichtere Materialien wie Carbon verwendet. Bespannt ist der Schläger mit Darm- oder Kunststoffsaiten.

Die wichtigsten Turniere

Neben dem olympischen Tennisturnier gibt es vier wichtige traditionelle Tennisturniere, die so genannten Grand Slams. Jedes dieser vier Turniere findet einmal jährlich statt. Den Beginn machen die Australian Open in Melbourne. Sie

Spieler beim Aufschlag

werden im Januar ausgetragen und das Spielfeld liegt auf einem Hartplatz. Im Spätfrühjahr treffen sich die Tennisspieler in Paris zu den French Open. Dieses Turnier wird auf Sand ausgetragen. Das Turnier in Wimbledon im Frühsommer findet auf Rasen statt. Rund zwei Monate später folgt das Grand-Slam-Turnier in New York: die US Open. Gespielt wird auf einem Hartplatz. Wer es schafft, bei allen vier Turnieren des Jahres zu siegen, gewinnt den Grand Slam. Entscheidet ein Spieler nicht nur die vier Grand-Slam-Turniere eines Jahres für sich, sondern gewinnt er auch die olympische Goldmedaille, spricht man vom Golden Slam.

Tischtennis

Über die Herkunft des Tischtennis gibt es verschiedene Meinungen. Einige sehen die Anfänge am Ende des 19. Jahrhunderts in Indien, von wo aus es sich nach England verbreitete, andere bestreiten dies und halten die Engländer selbst für die Erfinder. In England wurde 1874 erstmals die Urform des **Tennis** schriftlich erwähnt. Wegen des häufigen Regenwetters verlegte man das Spiel in die Wohnung und benutzte dabei normale Esstische. Der Tisch stellt das Tennisfeld dar, eine Schnur diente als Netz und als Schläger nahm man Federballschläger, Bücher und sogar Bratpfannen. Man benannte das Spiel um in Raum-Tennis. 1875 veröffentlichte der englische Ingenieur James Gibb dafür die ersten Spielregeln. Um 1890 brachte James Gibb von einer Geschäftsreise aus den USA bunte Zelluloidbälle mit und benutzte sie für das Spiel. Von nun an setzte sich der Begriff Pingpong durch, wegen der Geräusche des Balls beim Schlagen. Verschiedene Hersteller erfanden weitere Namen, zum Beispiel Gossima, Whiff Waff, Flim Flam und schließlich Table Tennis (Tischtennis). In England wurde 1900 der erste Verein gegründet, 1902 wurde der Gummibelag mit Noppen für den Schläger erfunden. Um 1899 gelangte eine Variante des Spiels nach Japan. Von hier aus gelangte es nach China, Korea und Hongkong. In China heißt das Spiel sogar offiziell Ping-Pong-Ball und ist seit vielen Jahren ein beliebter Volkssport. 1925 gab es die erste deutsche Meisterschaft, 1926 die erste Weltmeisterschaft. 1988 wurde Tischtennis in Seoul ins olympische Programm aufgenommen. Das hing wohl damit zusammen, dass viele der Tischtennis-Spitzensportler aus Asien stammen. Es wurden jeweils Einzel und Doppel für Frauen und Männer ausgetragen.

Tischtennisdoppel

Worum geht es beim Tischtennis?

Tischtennis wird oft als die schnellste Ballsportart der Welt bezeichnet. Dafür braucht man neben einem Tischtennistisch auch einen Tischtennisball und pro Spieler einen Schläger. Das Ziel des Spieles besteht darin, möglichst viele Punkte zu sammeln, indem man den Ball hin- und her spielt, dabei möglichst eigene Fehler vermeidet und durch geschicktes Spiel Fehler des Gegners herbeiführt. Wenn der Gegner den geschlagenen Ball nicht mehr vorschriftsmäßig zurückschlagen kann, zählt dies als Fehler.

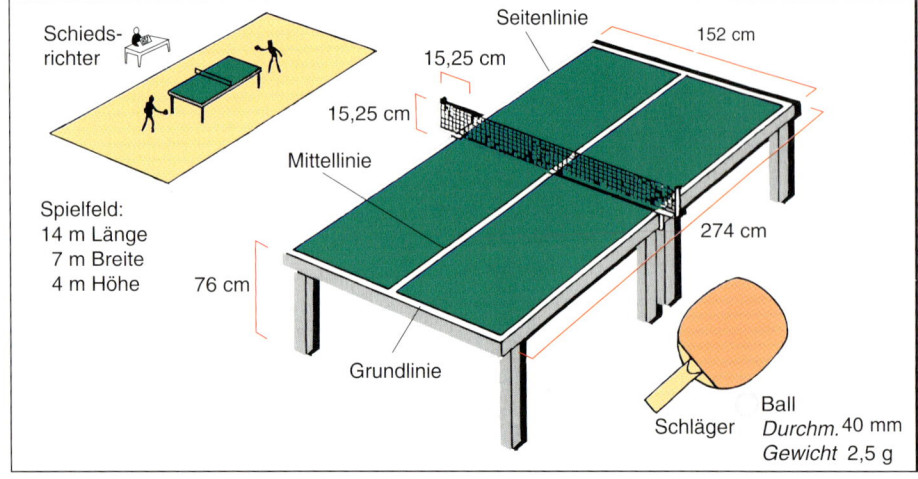

Schiedsrichter

Seitenlinie

152 cm

15,25 cm

15,25 cm

Mittellinie

Spielfeld:
14 m Länge
7 m Breite
4 m Höhe

76 cm

274 cm

Grundlinie

Schläger

Ball
Durchm. 40 mm
Gewicht 2,5 g

Tischtennis

Das Spielgerät

Ein Turniertisch hat folgende Maße: 2,74 Meter Länge, 1,52 Meter Breite und 76 Zentimeter Höhe. Die Höhe des Netzes kann bis zu 15,25 Zentimeter betragen. Die Farbe von Tisch und Netz ist dunkelgrün mit weißen Markierungen. Der Spielball ist weiß und aus Zelluloid, innen hohl und hat einen Durchmesser von 40 Millimetern. Die Größe und Form des Schlägers kann frei gewählt werden, doch muss er zwei Beläge unterschiedlicher Farbe haben: eine rote und eine schwarze Seite, damit der Gegner das Drehen des Schlägers bemerkt und reagieren kann.

Das Spielziel

Zwei Spieler oder zwei Paare stehen sich am Tisch gegenüber. Der Ball muss so über das Netz gespielt werden, dass der Gegner keinen gültigen Rückschlag spielen kann. Außerdem muss er jeweils einmal auf dem Feld des Gegners aufkommen und darf nicht unmittelbar aus dem Flug angenommen werden. Der Aufschlag wechselt nach je zwei Punkten. Jeder Fehler bedeutet einen Punkt für den anderen. Gespielt wird bis elf Punkte. Bei Punktgleichheit (10:10) gewinnt derjenige, der zuerst zwei Punkte Vorsprung schafft, wobei der Aufschlag wechselt. Das Spiel endet, wenn einer der Spieler drei Sätze gewonnen hat. Auch nach jedem Satz werden die Seiten gewechselt.

Tischtennisdoppel

Tischtennismatch

Turmspringen

Das so genannte Wasser-Springen hat eine lange Geschichte, denn schon in der Antike sprang man von hohen Felsen ins Meer. Wasser-Springen als Sportart gab es ab dem 19. Jahrhundert in Deutschland und Schweden. 1843 erschien die erste Wertungstabelle. Nachdem der Deutsche Schwimmverband gegründet worden war, fanden 1886 auch die ersten deutschen Meisterschaften im Kunstspringen der Männer statt. 1921 folgten die der Frauen. Deutsche Meisterschaften im Turmspringen gab es erstmals 1925 (Männer) und 1933 (Frauen). Das Turmspringen der Männer wurde 1904 bei den Olympischen Spielen aufgenommen, das Kunstspringen 1908. Bei den Frauen wurde Turmspringen 1912 olympisch, das Kunstspringen 1920. Seit dem Jahr 2000 ist auch das Synchronspringen olympische Disziplin.

Sprungturm

Worum geht es beim Wasser-Springen?

Kunst- und Turmspringen ist eine elegante Sportart, die auf Körperhaltung und Koordination der Bewegungen ausgerichtet ist. Der Sportler springt von einem einseitig fest angebrachten elastischen Brett mit der Höhe ein oder drei Meter beim Kunstspringen oder von einer festen Plattform mit der Höhe ein, drei, fünf, 7,5 Meter oder zehn Meter beim Turmspringen.

Der Wettkampf

Die Richter bewerten die Pflicht- und Kürsprünge nach Punkten. Beim Synchronspringen werden die Sprünge sowohl nach Leis-

Turmspringerin

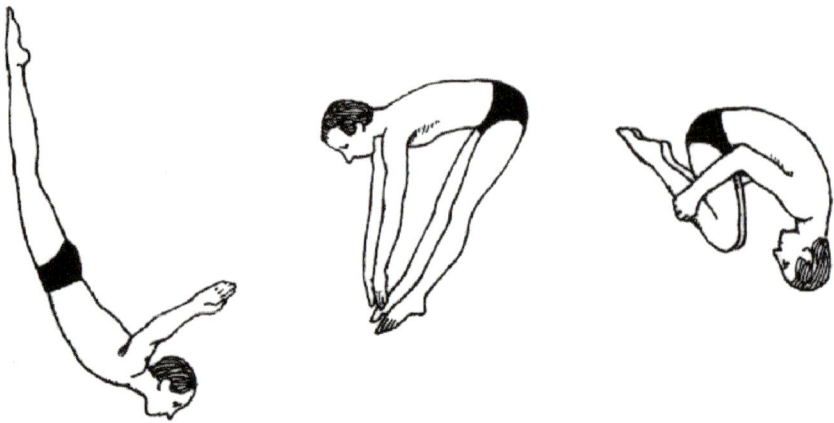
Saltosprung

tung als auch nach Abstimmung aufeinander bewertet. Ein Wettkampf setzt sich aus Pflicht und Kür zusammen. Beim Kunstspringen zeigen die Männer elf Sprünge (sechs Kür und fünf Pflicht), die Frauen zehn Sprünge (fünf Kür und fünf Pflicht). Beim Turmspringen führen die Männer zehn Kürsprünge aus, die Frauen acht Kürsprünge. Sieben Schiedsrichter werten von null bis zehn. Die höchste und niedrigste Wertung werden gestrichen. Die Summe der restlichen fünf Noten wird mit 0,6 und dem jeweiligen Schwierigkeitsgrad multipliziert. Alle Einzelergebnisse werden zum Gesamtergebnis verrechnet.

Die Sprünge

Es gibt 90 Sprünge in sechs Gruppen: Vorwärts-, Rückwärts-, Auerbach-, Delfin-, Schrauben- und Handstand-Sprünge (nur beim Turm). Sie haben über 350 Variationsmöglichkeiten. Die Schwierigkeitsgrade gehen von 1,2 bis 3,6. Um diesen Sport interessanter zu machen, werden jetzt auch Wettbewerbe im Synchronspringen (zwei Springer gleichzeitig) durchgeführt.

Das Training

Die Technik der Sprünge muss im frühen Kindesalter erlernt werden, deshalb gibt es für den Freizeitgebrauch nur einfache Varianten von Sprüngen. Das Wasser-Springen setzt ein mehrjähriges Training vom Kindes- bis zum Erwachsenenalter voraus. Trainiert wird die Koordinationsfähigkeit für den Absprung in verschiedene Bewegungselemente in der Luft. Die Schnellkraftfähigkeit wird für den hohen Absprung auf dem Turm oder dem Sprungbrett geübt. Unmittelbar vor dem Springen müssen sich die Sportler allgemein aufwärmen, zum Beispiel auch mit Muskel-Dehnübungen. Ein guter Springer muss vor allem psychisch stabil sein und darf sich nicht ablenken lassen – und zwar bis zum letzten Sprung, der meist der schwierigste ist.

Rückwärtssprung

Volleyball

William Morgan (1870-1942) ist der Erfinder des Volleyballspiels. Er war Student und Trainer und wurde durch ein Treffen mit dem Erfinder des **Basketballs** James Naismith in Springfield angeregt, ein Spiel zu entwickeln, das auch für ältere Menschen gut spielbar ist. Auf der Basis mehrerer verschiedener anderer Spiele, wie das ähnliche deutsche Spiel Faustball, **Tennis**, Basketball, Baseball und **Handball**, entstand das neue Spiel, das er zunächst Mintonette nannte. Damals, 1895,

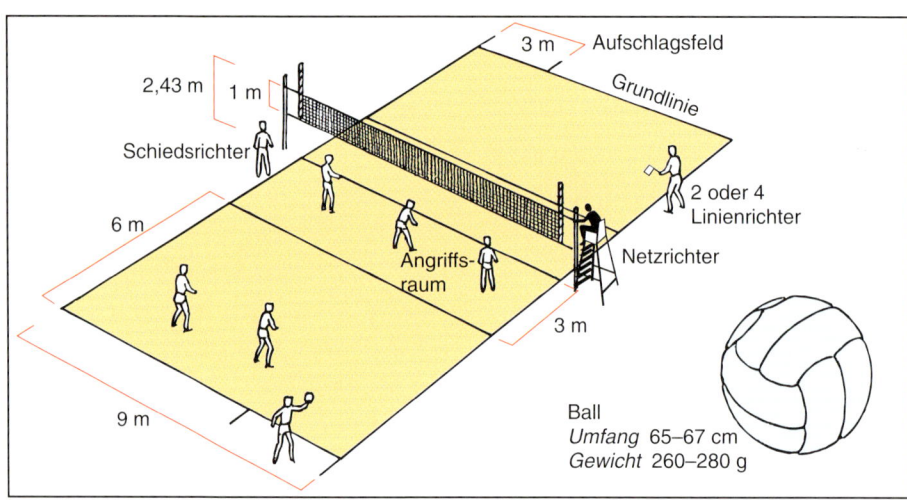

Volleyball

wurde noch mit einem Basketball über ein 1,83 hohes Trainingsnetz gespielt. Der Name Volleyball kam auf, als während einer Vorführung des Spiels ein Zuschauer meinte, dass dabei viele Bälle aus der Luft geschlagen würden, was auf Englisch „volleying" heißt. Durch die Sportlehrer wurde das Spiel schnell in den USA bekannt,

Beachvolleyballspiel

ebenso in Asien (ab 1900) und in Europa (ab 1919). Zu einer der weltweit am meisten ausgeübten Sportarten entwickelte sich Volleyball nach dem Zweiten Weltkrieg, als speziell Japaner und Koreaner sowie die osteuropäischen Verbände die technische Entwicklung vorantrieben. Es wurde dort sogar weitaus populärer als in den USA. Olympisch wurde Volleyball in Tokio 1964, sowohl für Frauen wie für Männer. Beachvolleyball folgte in Atlanta 1996.

Das Spielziel

Zwei Mannschaften stehen sich auf einem durch ein Netz geteilten Spielfeld gegenüber. Die Spieler müssen den Ball über das Netz auf den Boden der gegnerischen Hälfte spielen und verhindern, dass das Gleiche dem Gegner gelingt.

Das Spielfeld

Die Spielfläche misst 18 mal neun Mete und ist in zwei Hälften geteilt. Das Netz ist für Frauen etwa 2,20 und für Männer 2,43 Meter hoch.

Die Regeln

Sechs Spieler gehören zu einer Mannschaft. Der Ball darf nicht in der eigenen Spielhälfte zu Boden fallen und muss spätestens mit der dritten Berührung durch einen Spieler ins gegnerische Feld geschlagen werden. Punkte erzielt man nur bei eigenem Aufschlag. Ein Satz ist bei 15 Punkten beendet, Sieger ist, wer zuerst drei Sätze gewonnen hat. 1994 führte der Volleyball-Weltver-

Volleyball

band neue Regeln ein, um diese Sportart interessanter zu machen: Der Ball darf nun mit jedem Körperteil, also auch mit dem Fuß berührt werden. Außerdem darf er bei der Annahme des Aufschlags nacheinander Kontakt mit verschiedenen Körperteilen haben. Die Aufgabezone, von wo aus der Ball zu Spielbeginn geschlagen wird, wurde auf die ganze Fläche hinter der Grundlinie ausgedehnt.

Das Spiel

Der Ball (Umfang 65 bis 67 Zentimeter, Gewicht 260 bis 280 Gramm, meist mehrfarbig) wird durch den Aufschlag ins Spiel gebracht: Der Spieler schlägt den Ball über das Netz zum Gegner. Der Spielzug (Rally) dauert so lange, bis

der Ball die Spielfläche berührt, ins Aus fällt oder es einer Mannschaft nicht gelingt, ihn gemäß den Regeln zurückzuspielen. Beim Volleyball bekommt die Mannschaft, die einen Spielzug gewinnt, einen Punkt. Typische Ball-kontakte sind: Baggern (die Hände werden zusammengehalten und der Ball wird von unten geschlagen), Pritschen (die Hände berühren sich an den Spitzen von Daumen und Zeigefingern) und Schlagen.

BEACHVOLLEYBALL

Eine Variante für draußen ist Beachvolleyball. Die Hauptunterschiede sind die Anzahl der Spieler und der Belag: In der Regel spielen nur zwei Personen pro Mannschaft. Als Bodenbelag ist eine mindestens 40 Zentimeter starke Schicht aus Sand erforderlich oder es wird im Sommer barfuß am Strand gespielt.

Wasserball

Im Englischen bezeichnet man das Wasserballspiel als „Water Polo", abgeleitet vom Pferde-**Polo**. Dennoch stammt das Spiel eher vom **Handball** und **Fußball** ab. 1870 gründete der London Swimming Club ein Komitee mit der Aufgabe, die Regeln des beliebten Fußballs auf ein Spiel im Wasser zu übertragen. Ziel war, die Schwimmausstellung interessanter und so den Schwimmsport beliebter zu machen. Schließlich entwickelte sich eine Art „Water Baseball" mit drei Spielern auf jeder Seite. Ziel war, den Ball auf der gegnerischen Seite auf eine Plattform oder ein Boot zu legen. Das erste so genannte „Water Polo" fand 1876 in England statt, wobei der Ball kaputtgegangen sein soll, aber die Spieler trotzdem bis zum Ende spielten. 1884 trafen

Torwart

sich britische und schottische Schwimmclubs, legten gemeinsame Regeln fest und verbreiteten diese. In Schottland wurde der Voll-Lederball eingeführt und das Spiel bekam den Namen „Hardball (Soccer) Water Polo". Außerdem wurden die Torpfosten eingeführt. Dadurch wurde das Spiel viel interessanter und zusammen mit den ständig verfeinerten Spielregeln (1887 wurde das Tunken, das Fangen mit zwei Händen sowie das Stehen auf dem Grund verboten) wurde das Spiel immer beliebter und verbreitete sich schnell. Die ersten regulären englischen Meisterschaften gab es 1888, 1890 das erste internationale Spiel. Von England aus verbreitete sich Wasserball als Wettkampfspiel gegen Ende des 19. Jahrhunderts über den europäischen Kontinent und nach

Angriff auf das Tor

Nordamerika, wo es sich gegen eine Art Wasser-**Rugby** durchsetzen konnte. In Deutschland wurde das Wasserballspiel 1894 zum ersten Mal in Berlin gespielt. Olympisch war Wasserball erstmals in Paris 1900. Seit Sydney 2000 sind auch die Frauen dabei.

Die Spielfläche

Das Spielfeld ist maximal 20x30 Meter groß, die Mittellinie ist durch weiße, die Siebenmeterlinie durch grüne, die Viermeterlinie durch gelbe und die Zweimeterlinien durch rote Markierungen am Beckenrand gekennzeichnet. An den Kopfseiten befindet sich je ein Tor von drei Meter Breite und 90 Zentimeter Höhe. Die Tiefe des Beckens beträgt mindestens 1,80 Meter. Wenn aber ein Großteil der Spieler im Becken stehen kann, muss der Schiedsrichter eine Sonderlösung finden. Meistens wird beim verbotenen Stehen oder Hüpfen ein Freistoß gegen den betreffenden Spieler gepfiffen.

Die Regeln

Eine Mannschaft besteht aus sieben Spielern. Der Ball aus Gummi wiegt 450 Gramm. Ein Tor kann man mit jedem Körperteil erzielen, allerdings darf der Ball nicht mit der Faust geschlagen werden. Gespielt wird mit zwei Mannschaften, die je aus bis zu 13 Spielern bestehen, von denen je einer Torhüter sein muss. Immer sieben Spieler befinden sich im Wasser, die anderen können beliebig oft eingewechselt werden. Die Heimmannschaft muss

Wasserballspielerin

in hellen Kappen (meist weiß) spielen, das Auswärts-Team in dunkleren (meist blau). Die Torhüter tragen rote Kappen. Ein Spiel ist in viermal sieben Minuten reine Spielzeit (plus Pausen, Auszeiten oder andere Unterbrechungen) aufgeteilt.

Windsurfen

Die Idee für ein Brett mit Segeln hatte Newman Darby bereits 1948, als er das Sailboarding (Segeln mit Brett) entwickelte. Er verkaufte und fertigte mit seiner Firma Bretter und Segel. Sein Sailboard wurde sogar in einer Fernsehshow vorgestellt und die amerikanischen Pfadfinder bauten es wohl nach seinen Plänen nach. Doch offiziell begann die Geschichte erst Ende 1966, als Jim Drake aus Los Angeles die entscheidende Idee hatte. Angeblich

wollte er nur einfacher mit seinem Wellenreiter weiter aufs Wasser hinausgelangen. Er montierte die von Darby erprobte Segelform durch die Kombination mit einem speziellen Gelenk auf ein großes Anfängersurfbrett (Longboard). 1967 lief das erste Surfboard vom Stapel. Ein Freund von ihm, Hoyle Schweitzer (geboren 1933), erkannte die geniale Erfindung und überredete seinen Freund, daraus etwas zu machen. Er ließ sich einige Bauteile patentieren, baute eine kleine Fabrik in Los Angeles auf und vermarktete das neue Sportgerät. Rasch zerstritten sich die beiden allerdings wegen der Lizenzgebühren und Rechte und Drake verkaufte Schweitzer seinen Anteil am Patent. Ab dann ließ dieser sich als Urvater und Erfinder des originalen Surfbretts feiern und verlangte Millionen an Gebühren von denjenigen, die seine Erfindung nachbauen wollten. In den folgenden Jahren setzte neben einer Entwicklung mit immer neuen Materialien eine starke Verbreitung der Sportart ein. Das Windsurfen wurde für Männer 1984 in Los Angeles olympische Disziplin, die Frauen folgten 1992 in Barcelona.

Das Surfboard

Das Sportgerät besteht aus einem Schwimmkörper, dem Surfbrett (Board), dessen Auftriebsvolumen (Verdrängungskraft) nach

Sprung mit dem Surfbrett

dem Können und Gewicht des Sportlers unterschiedlich sein sollte. Das Auftriebsvolumen liegt zirka zwischen 50 und mehreren 100 Litern, die Brettlänge zwischen zwei und 3,5 Metern bei einer Breite von 50 bis 100 Zentimetern. Auf dem Board ist über eine freibewegliche Verbindung (Powerjoint) das Segel (Rigg) befestigt. Das Rigg besteht aus einem elastischen Mast, einem Gabelbaum zum Festhalten und dem Segeltuch. Die Segelfläche liegt zwischen 1,5 und über 12,5 Quadratmetern und sollte nach dem Körpergewicht, dem Können des Surfers und der Windstärke ausgesucht werden.

Das Surfbrett für ungeübte Sportler sollte möglichst viel Auftrieb (Verdrängungskraft) haben und besonders stabil sein, also nicht so schnell kippen. Erfah-

Surfbrett

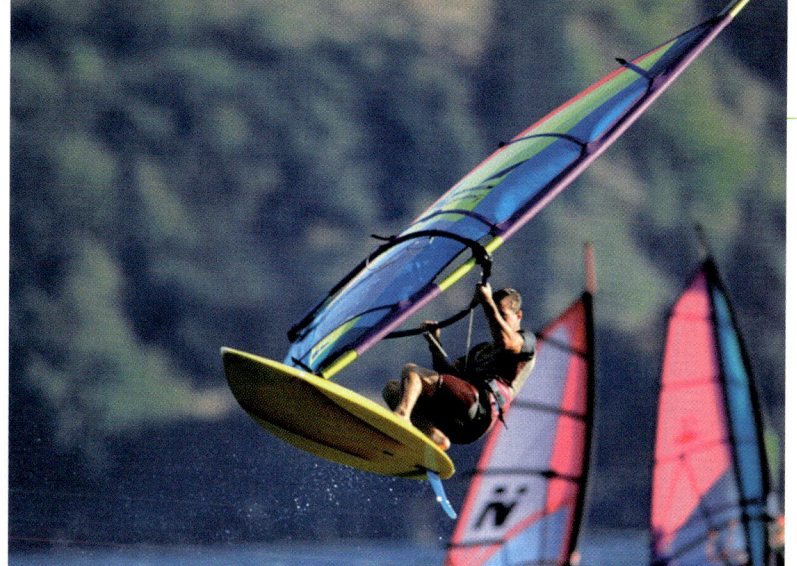

Surfer beim Sprung

KITESURFEN

Aus dem Windsurfen ist das Kitesurfen entstanden, bei dem das Segel durch einen großen Lenkdrachen ersetzt worden ist, der am Himmel schwebt und den Surfer zieht. Die Surfbretter zum Kiten sind viel kleiner als beim Windsurfen und haben kaum Auftrieb. Sie gleichen eher den so genannten Wakeboards (ähnlich den Snowboards) beim Wasserskilaufen.

rene Windsurfer benutzen dagegen ein möglichst kleines Surfbrett mit weniger Auftrieb, weil es sich besser drehen lässt. Dabei kann der Auftrieb geringer als das Gewicht des Sportlers sein, so dass das Brett erst beim Fahren durch den Auftrieb an die Wasseroberfläche gehoben wird, genauso wie beim Wasserski.

Wie funktioniert das Windsurfen?

Der Trick beim Windsurfen besteht aus der Geschicklichkeit, das Gleichgewicht des eigenen Körpers zu kontrollieren, und zwar mit der Segelstellung zum Wind und nicht mit den Füßen. Offizielle Windsurf-Wettkämpfe brauchen meist eine Windgeschwindigkeit von zehn Knoten (18,5 Stundenkilometer). Das entspricht der Windstärke 4. Bei dieser Windstärke beginnen die Surfbretter von selbst auf dem Wasser zu gleiten und werden dabei oft schneller als 20 Stundenkilometer, gewöhnlich gleiten sie mit 30 bis 45 Stundenkilometern über das Wasser.

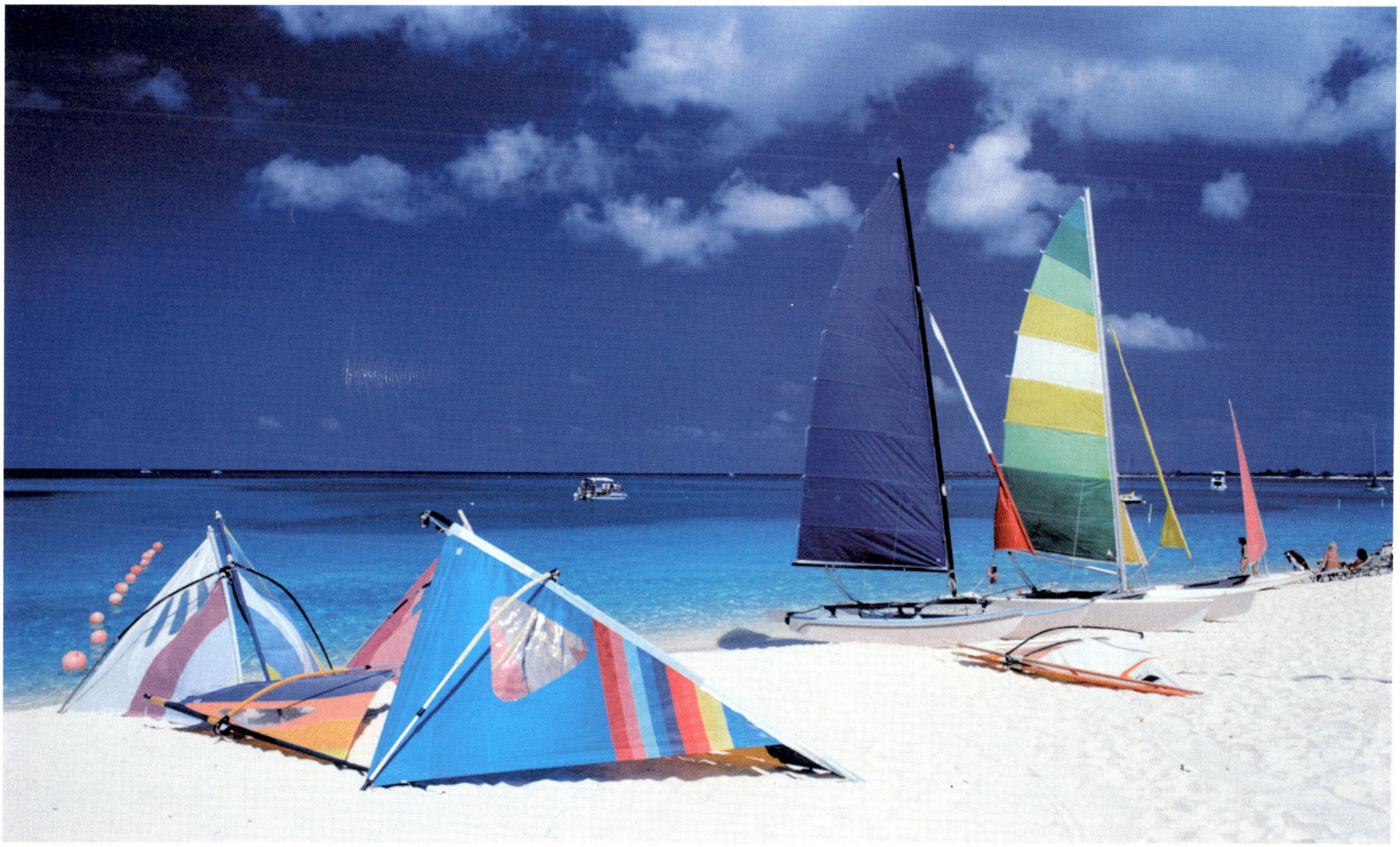
Surfbretter am Stand

Die Grundlagen des Yoga gehen auf die Veden zurück. So heißen die ältesten indischen heiligen Schriften aus der Zeit um 3500 vor Christus. Es gibt viele verschiedene Formen von Yoga, die alle eine eigene Philosophie (Lebenseinstellung) vertreten, und damit verbundene Übungen. Einige Formen von Yoga legen ihren Schwerpunkt auf die geistige Konzentration, andere beziehen sich eher auf körperliche Übungen und Haltungen (die Asanas). Yoga stammt vom Sanskrit-Wort yuga ab, das Joch bedeutet (eine Last oder Anspannung). Von dieser Last will man sich durch Meditation und körperliche Übungen befreien. Yogaübungen verfolgen einen ganzheitlichen Ansatz, das bedeutet, dass Körper,

Yoga

Geist und Seele in Einklang gebracht werden sollen.

Wie funktioniert Yoga?

Yoga ist eine Art beruhigende Gymnastik, die auch recht schwierig aussehende Figuren im Programm hat, die aber nach und nach gelernt werden. Yoga trainiert nicht nur die Muskeln, sondern auch die Organe. Es gibt viele verschiedene Yoga-Formen. Die bekannteste bei uns ist Hatha-Yoga. 300 verschiedene Übungen sind möglich, wovon in unserem Kulturkreis meistens nur 30 angewendet werden. Die berühmteste ist der Lotussitz, in

Körper und Seele im Einklang

dem man mit verschränkten Beinen und aufrechter Körperhaltung verharrt. Hatha-Yoga soll bei Schmerzen, Rückenproblemen und Asthma helfen.

Yoga kann in sieben Hauptbereiche unterteilt werden: Hatha-Yoga (Yoga des körperlichen und geistigen Ausgleichs), Raja-Yoga (Yoga der Ganzheit), Jnana-Yoga (Yoga der Erkenntnis), Karma-Yoga (Yoga des selbstlosen Handelns), Bhakti-Yoga (Yoga der Verehrung und Hingabe), Sahaja-Yoga (steht für spontane Selbstverwirklichung) und Marma-Yoga (Yoga der Verbindung biologischer Rhythmen).

Außerdem gibt es auch Yoga-Richtungen, die mehrere der zuvor genannten Bereiche abdecken, wie das so genannte Kundalini-Yoga und ein tibetisches Heil-Yoga namens Kum Nye.

Yoga kann man auch gut im Freien üben

Hatha-Yoga

Hatha-Yoga besteht unter anderem aus einer Vielzahl von verschiedenen Haltungen, den so genannten Asanas. Auch bestimmte Asana-Reihen (Bewegungsabläufe, die teilweise in schneller Folge geübt werden) gehören dazu. Sie bewirken unter anderem, dass der Körper geschmeidiger wird, und stimmen den Übenden auf die dann folgenden Haltungen ein, die etwas schwieriger sind. Bewusst und regelmäßig ausgeführt und verbunden mit der richtigen Atmung sollen sie zu Harmonie und Wohlbefinden führen.

Die wichtigsten Übungen des Hatha-Yoga sind:

Asanas – Körperstellungen

Bei diesen Körperübungen wird eine bestimmte Stellung für eine gewisse Zeit gehalten. Durch die Übungen werden auf sanfte Art Muskelstärke, Flexibilität und Körperbewusstsein entwickelt. Durch das ruhige Halten der Stellungen werden blockierte Energien wieder zum Fließen gebracht, innere Heilkräfte aktiviert und innere Organe besser durchblutet.

Pranayama – Atemübungen

Durch Stress, Verspannungen und falsche Körperhaltung atmen die meisten Menschen zu flach. Ziel der Atemübungen ist, wieder zu einer natürlichen und tiefen Atmung zu finden. Über

Lotussitz

bewusste und kontrollierte Atemtechniken kann auch die gefühlsmäßige und geistige Verfassung positiv beeinflusst werden.

Tiefenentspannung

Durch verschiedene Techniken, die allerdings ein Training über einen längeren Zeitraum hinweg voraussetzen, kann beim Yoga die so genannte Tiefenentspannung durchgeführt werden. Dabei entspannen sich alle Muskeln, der Herzschlag verlangsamt sich und die Hauttemperatur wird erhöht. Außerdem wird die Verdauung aktiviert. Dies alles führt zu einem geistigen und körperlichen Wohlbefinden.

Beim Yoga werden Körperstellungen für gewisse Zeit gehalten

Register

Register

Register

Register